La sociedad del cansancio

Byung-Chul Han

La sociedad
del cansancio

Herder

Título original: Die Müdigkeitsgesellschaft
Traducción: Comité Herder Editorial
Diseño de la cubierta: Ferran Fernández

© 2016, MSB *Matthes & Seitz, Berlín*
© 2024, *Herder Editorial, S. L., Barcelona*

4ª edición

ISBN: 978-84-254-5144-7

Imprenta: Liberdúplex
Depósito legal: B-2226-2024
Printed in Spain - Impreso en España

Herder
www.herdereditorial.com

Índice

Prometeo extenuado
· Prólogo ·

Eⁿ mito de Prometeo se podría reinterpretar como una escenificación de la estructura psíquica del hombre contemporáneo: un sujeto que, viéndose forzado a aportar rendimiento, se inflige violencia y guerra contra sí mismo. Aunque este sujeto forzado a aportar rendimiento se figura que es libre, lo cierto es que, en realidad, está tan encadenado como Prometeo. Un águila devora su hígado, el cual se va reproduciendo constantemente conforme es devorado. Esa águila es el *alter ego* del sujeto contemporáneo, y este guerrea contra aquel. Si lo pensamos así, la relación entre Prometeo y el águila es una relación del sujeto consigo mismo, una relación de autoexplotación. En principio, el hígado sería un órgano insensible, pero aquí sí sufre un dolor, que es el cansancio. Es seguro que a Prometeo, como sujeto que se explota a sí mismo, lo acometerá una fatiga infinita. Prometeo es el arquetipo de la sociedad del cansancio.

En su críptico relato «Prometeo», Kafka hace una interesante relectura del mito: «Los dioses se cansaron. Las águilas se cansaron. La herida, de cansancio, se cerró». Kafka está pensando aquí en un cansancio curativo, en un agotamiento que no abre heridas, sino que las cierra. *La herida, de cansancio, se cerró.* Inspirado por esa misma idea, también este ensayo es una invitación a meditar sobre una fatiga lenitiva: un agotamiento que no es la irritada extenuación que nos entra cuando nos ensoberbecemos desaforadamente, sino la sana lasitud que nos sobreviene cuando *deponemos cordialmente nuestro ego.*

La violencia neuronal

TODA época tiene sus propias enfermedades características que la definen. Por ejemplo, hubo una época bacteriana. Esa época terminó cuando se descubrieron los antibióticos. Hoy, pese al miedo evidente que todos tenemos a la pandemia gripal, ya no vivimos en una época vírica. Las técnicas inmunológicas nos han permitido superarla. Desde el punto de vista patológico, los comienzos del siglo XXI no han sido bacterianos ni víricos, sino neuronales. Enfermedades neuronales como la depresión, el trastorno por déficit de atención e hiperactividad (TDAH), el trastorno límite de la personalidad (TLP) o el síndrome de desgaste laboral o *burnout* son las que definen el panorama patológico de comienzos de este siglo. No son infecciones, sino infartos. Y no son provocadas por la *negatividad* de lo que nuestro sistema inmunitario detecta como distinto, sino por un exceso de *positividad*. Por eso, no son tratables con técnicas inmunológicas, cuya función sería repeler la negatividad de lo extraño.

El siglo pasado fue una época inmunológica. Eran tiempos en los que se distinguía tajantemente entre dentro y fuera, entre amigo y enemigo o entre lo propio y lo ajeno. También la Guerra Fría obedecía a este esquema inmunológico. Es más, el paradigma inmunológico del siglo pasado se expresaba en una terminología típica de la Guerra Fría y obedecía a un modelo estrictamente militar. La acción inmunitaria se basa en defender y atacar. Este modelo inmunológico, que rebasando el ámbito biológico se extiende ya hasta lo social y engloba a la sociedad entera, trae aparejada una ceguera: todo lo que es extraño se repele. El objeto de rechazo inmunitario es la extrañeza misma. Aunque el extraño no venga a nosotros con ánimo hostil, aunque no comporte ningún peligro para nosotros, ya por su mera *alteridad* reaccionamos contra él.

Recientemente han aparecido diversos discursos sociales que recurren expresamente a modelos explicativos inmunológicos. Sin embargo, la actualidad del discurso inmunológico no debe tomarse como indicio de que la organización de la sociedad obedezca hoy más que nunca a criterios inmunológicos. Que un paradigma se tome expresamente como tema de reflexión es, a menudo, síntoma de su decadencia. Sin que nos demos cuenta, desde hace ya algún tiempo se está produciendo un cambio de paradigma. En realidad, el final de la Guerra Fría ya vino acarreado por ese cambio.[1] La sociedad está entrando hoy, cada vez más, en una coyuntura que no encaja con el modelo inmunológico de organización y rechazo. Esta coyuntura actual se caracteriza por la desaparición de *la alteridad y la extrañeza*. La alteridad es la categoría fundamental de la inmunología. Toda respuesta inmunitaria es una reacción a la alteridad. Pero hoy la alteridad está siendo desbancada por la *diferencia,* que no provoca

[1] Es interesante la sutil interacción que se produce entre los discursos sociales y los biológicos. Las ciencias obedecen a modelos cuyo origen no siempre es científico. Por eso, tras el final de la Guerra Fría también se produjo un cambio de paradigma en la inmunología científica. La inmunóloga estadounidense Polly Matzinger rechaza el antiguo modelo inmunológico de la Guerra Fría. Su tesis es que el sistema inmunitario no distingue entre yo y no-yo, entre lo propio y lo extraño y ajeno, sino entre amistoso y peligroso. (Cf. Polly Matzinger, «Friendly and dangerous signals: is the tissue in control?», en *Nature Immunology,* vol. 8, 1, 2007, pp. 11-13). El objeto de rechazo inmunitario no es la extrañeza ni la alteridad en cuanto tal. Solo se rechaza al intruso externo cuando este actúa destructivamente en el interior de lo propio. En este sentido, mientras no se note la presencia de lo extraño, el sistema inmunitario no lo atacará. Según esta idea de Matzinger, el sistema inmunitario *biológico* es más hospitalario de lo que hasta entonces se pensaba. No es xenófobo. Por eso, es más inteligente que una sociedad humana xenófoba. La xenofobia es una respuesta inmunitaria patológicamente exagerada, que es nociva incluso para el desarrollo de lo propio.

ninguna reacción inmunitaria. La diferencia po-
sinmunológica ya no nos enferma. Ni siquiera la
diferencia posmoderna lo hace. Desde el punto
de vista inmunológico, diferencia es *igualdad*.[2]
Por decirlo con una metáfora, la diferencia no
tiene ese aguijón de extrañeza que provocaría
una enérgica respuesta inmunitaria. Una vez
que la extrañeza se ha reducido a fórmula de
consumo, se vuelve inocua. La nueva extrañeza
es el exotismo. El *turista* recorre lo exótico.
Turista y consumidor han dejado de ser *sujetos
inmunológicos*.

Por eso, es falsa la hipótesis en que Roberto
Esposito basa su teoría de la inmunidad, por
ejemplo, cuando escribe:

> Un día cualquiera de los últimos años, los
> diarios publicaron, acaso en las mismas pá-
> ginas, noticias aparentemente heterogéneas.
> ¿Qué tienen en común fenómenos como la
> lucha contra un nuevo brote epidémico,
> la oposición a la petición de extradición
> de un jefe de Estado extranjero acusado de
> violación de los derechos humanos, el re-
> fuerzo de las barreras contra la inmigración

2   También el pensamiento de Heidegger denota un
carácter inmunológico, al rechazar resueltamente lo *igual*
y contraponerle lo *«mismo»*. A diferencia de lo igual, lo
mismo tiene una interioridad, en la que se basa toda respuesta inmunitaria.

clandestina y las estrategias para neutralizar el último virus informático? Nada, mientras se los lea en el interior de sus respectivos ámbitos separados: medicina, derecho, política social y tecnología informática. Sin embargo, las cosas son distintas si se las refiere a una categoría interpretativa que halla la propia especificidad justamente en la capacidad de cortar transversalmente esos lenguajes particulares, refiriéndolos a un mismo horizonte de sentido. Como ya se pone de manifiesto desde el título de este ensayo, he identificado tal categoría como la de «inmunización». [...] A pesar de su falta de homogeneidad léxica, todos los acontecimientos antes citados pueden entenderse como una respuesta de protección ante un peligro.[3]

Ninguno de todos esos acontecimientos que enumera Esposito denota que nos hallemos en plena época inmunológica. Tampoco hoy los llamados «inmigrantes» son inmunológicamente *distintos* ni son, en sentido estricto, *extraños* que representen para nosotros un verdadero peligro o de los que debamos tener miedo. Vemos a los inmigrantes y a los refugiados más como una carga que como una amenaza. Ni siquiera el

3   Roberto Esposito, *Immunitas. Protección y negación de la vida,* Buenos Aires, Amorrortu, 2005, p. 9.

problema de los virus informáticos tiene demasiada virulencia social. Por eso, no es casualidad que, al hacer su análisis inmunológico, Esposito no atienda a problemas actuales, sino que se centre sin excepción en asuntos del pasado.

El paradigma inmunológico es incompatible con el proceso de globalización. La alteridad, al provocar una respuesta inmunitaria, contrarrestaría ese proceso de superación de límites y disolución de las fronteras que define a la globalización. Un mundo organizado inmunológicamente tiene su topología peculiar. Típicos de él son las fronteras, los pasos y los umbrales, las vallas, las trincheras y los muros, que impiden un proceso universal de trueque e intercambio. La promiscuidad generalizada, que hoy impera en todos los ámbitos vitales, y la ausencia de una alteridad que provocara efectos inmunológicos se necesitan mutuamente. A la inmunización también se opone diametralmente la hibridación, que hoy no solo domina el discurso de la teoría cultural, sino que marca una actitud vital generalizada. La hiperestesia inmunológica no toleraría ninguna hibridación.

Lo que más caracteriza a la inmunidad es la dialéctica de la negatividad. Lo inmunológicamente distinto es lo negativo que se infiltra en lo propio y trata de negarlo. Si lo propio no es capaz de negar la negatividad de lo distinto, sucumbe bajo ella. Así pues, la autoafirmación inmunológica de lo propio se lleva a cabo como una negación de la negación. Lo propio se afirma a sí mismo en lo distinto, al negar su negatividad. También la profilaxis inmunológica, o sea, la vacunación, obedece a la dialéctica de la negatividad. Se inyectan en lo propio meros fragmentos de alteridad para provocar la respuesta inmunitaria. La negación de la negación se produce en este caso sin riesgo vital, porque el rechazo inmunitario no es aquí una reacción directa a lo diferente. Uno se inflige voluntariamente un daño pequeño para preservarse de un daño mucho mayor, que podría ser mortal. La desaparición de la alteridad significa que la época en que vivimos es pobre en negatividad. Sin duda, las enfermedades neuronales típicas del siglo XXI obedecen a una dialéctica, pero no a la dialéctica de la negatividad, sino a la de la positividad. Son estados patológicos atribuibles a un *exceso de positividad*. La violencia no viene solo de la negatividad, sino también de la positividad; no solo de lo diferente o lo extraño, sino también de lo *igual*. Es evidente que Baudrillard alude a esta violencia de la positividad cuando escribe: «Quien vive de lo igual morirá de lo igual».[4] Baudrillard habla también de la

4   Jean Baudrillard, *La transparencia del mal. Ensayo sobre los fenómenos extremos*, Barcelona, Anagrama, 1991, p. 72.

«obesidad de todos los sistemas actuales», de los sistemas informativo, comunicativo y productivo. No hay reacción inmunológica a la grasa. No obstante, la teoría de Baudrillard tiene un punto débil, y es que expone el totalitarismo de lo igual desde una perspectiva inmunológica:

> No es casualidad que hoy se hable tanto de inmunidad, de anticuerpos, de trasplantes y de rechazos. En épocas de penuria, nos preocupamos de absorber y de asimilar. En épocas de abundancia, el problema consiste en rechazar y expulsar. La comunicación generalizada y el exceso de información amenazan a todas las defensas humanas.[5]

En un sistema donde impera lo igual solo metafóricamente se podría hablar de rechazo inmunológico. La defensa inmunitaria siempre se dirige contra lo distinto o lo extraño en sentido estricto, lo igual no provoca la producción de anticuerpos. ¿Qué sentido tendría fortalecer las defensas inmunitarias en un sistema donde impera lo igual? Debemos distinguir entre el rechazo inmunológico y el no inmunológico. Este último se dirige contra el *exceso de lo igual,* contra la positividad desmesurada. En

5   *Ibid.,* p. 82.

el rechazo no inmunológico no interviene la negatividad. Tampoco es una exclusión, que presupondría un interior inmunológico. Por el contrario, el rechazo inmunológico es una reacción a la negatividad de lo distinto, que se produce con independencia de su cantidad. El sujeto inmunológico tiene un interior que rechaza y *excluye* lo distinto, por mínimo que sea.

El exceso de producción, de rendimiento y de comunicación genera una violencia de la positividad. Pero esa violencia ya no es *viral*. La inmunología no puede tratarla. El repudio que nos provoca el exceso de positividad ya no es una *respuesta inmunitaria,* sino que más bien consiste en *un desahogo y un rechazo digestivos y neuronales.* El agotamiento, la fatiga y el sofoco que nos provocan los *excesos* tampoco son reacciones inmunológicas, sino que son síntomas de una violencia *neuronal* que no es viral, puesto que no es atribuible a una negatividad inmunitaria. Por eso, la teoría baudrillardiana de la violencia está repleta de confusiones e imprecisiones argumentativas, pues trata de describir inmunológicamente la violencia de la positividad y de lo igual, en la que, sin embargo, de hecho no interviene ninguna alteridad. Baudrillard escribe:

Hay una violencia viral, que es la de las redes y lo virtual. Es una violencia de la destrucción suave, una violencia genética y comunicacional, una violencia del consenso [...]. Esta violencia es viral, en el sentido de que no se ejerce frontalmente, sino por medio del contagio, la reacción en cadena y la eliminación de todas las inmunidades. También lo es en el sentido de que, a diferencia de la violencia negativa e histórica, se ejerce en forma de exceso de positividad, exactamente igual que las células cancerígenas; en forma de proliferación, tumor y metástasis. Entre lo virtual y lo vírico hay una afinidad oculta.[6]

Según la genealogía de la enemistad que hace Baudrillard, en una primera fase el enemigo aparece como lobo. Es un «un enemigo externo que ataca y del que uno se defiende construyendo fortificaciones y levantando murallas».[7] En la fase siguiente, el enemigo asume la forma de rata. Es un enemigo que opera en la clandestinidad y al que se combate con métodos higiénicos. Tras la posterior fase del escarabajo, el enemigo acaba asumiendo finalmente una forma viral: «El cuarto estadio lo conforman los virus, que

6   *Ibid.*, «Violencia de la imagen. Violencia contra la imagen», en *La agonía del poder,* Madrid, Círculo de Bellas Artes, 2006, pp. 45-47.
7   Jean Baudrillard, *Der Geist des Terrorismus,* Viena, Passagen, 2002, p. 85.

prácticamente se mueven en una cuarta dimensión. Es mucho más difícil defenderse de los virus, porque se han infiltrado ya en el corazón del sistema».[8] Surge un «enemigo fantasma que se propaga por todo el planeta, se infiltra en todas partes como un virus y penetra por todas las grietas del poder».[9] La violencia viral viene de unas singularidades que se han establecido dentro del sistema como células terroristas clandestinas y ahora tratan de socavarlo desde dentro. Según Baudrillard, el terrorismo, como forma principal de la violencia viral, representa una sublevación de lo singular contra lo global.

La enemistad, incluso en su forma viral, obedece al esquema inmunológico. El virus enemigo se infiltra en el sistema, que funciona como un sistema inmunitario y rechaza al intruso viral. No obstante, *la genealogía de la enemistad no coincide con la genealogía de la violencia*. La violencia de la positividad no presupone la enemistad, sino que se despliega precisamente en una sociedad permisiva y pacífica. Por eso, es más invisible que la violencia viral. Su hábitat es el ámbito de lo igual: un espacio donde no hay negatividad ni se produce ninguna polarización entre amigo y enemigo, entre dentro y fuera o entre lo propio y lo extraño.

8 *Ibid.*, p. 86.
9 *Ibid.*, p. 20.

La positivización del mundo hace que surjan nuevas formas de violencia. Son tipos de violencia que no provienen de lo inmunológicamente distinto, sino que son inmanentes al propio sistema. Precisamente por ser inmanentes no provocan ninguna respuesta inmunitaria. La violencia neuronal, causante de infartos psíquicos, es un *terror de la inmanencia,* que se distingue radicalmente del horror que provoca lo *extraño* en un sentido inmunológico. La medusa sería una instancia inmunológicamente distinta elevada a su máxima potencia. La medusa representa una alteridad radical, a la que uno no puede mirar sin perecer. En cambio, la violencia neuronal no es abordable desde una óptica inmunológica, pues en ella no hay negatividad. La violencia de la positividad no es privativa, sino saturante; no es exclusiva, sino exhaustiva. Por eso, no se percibe inmediatamente.

La violencia viral no sirve para describir enfermedades neuronales como la depresión, el trastorno por déficit de atención e hiperactividad (TDAH) o el trastorno bipolar, porque aún responde al esquema inmunológico de dentro/fuera o de propio/extraño, y presupone una singularidad o una alteridad hostiles al sistema. La violencia neuronal no viene de una negatividad externa al sistema, sino que es, más bien, una violencia *sistémica,* es decir, inmanente a él. Tanto la depresión como el trastorno por déficit de atención e hiperactividad o el trastorno bipolar apuntan a un exceso de positividad. El trastorno bipolar es un fundido del yo por sobrecalentamiento debido a un *exceso de lo igual*. El exceso o lo hiperbólico de la hiperactividad no es una categoría inmunológica, sino que viene a ser una mera *masificación de lo positivo*.

Más allá de la sociedad
disciplinaria

La sociedad actual ya no es la sociedad disciplinaria de la que hablaba Foucault, que constaba de hospitales, manicomios, cárceles, cuarteles y fábricas. Aquella sociedad disciplinaria fue desbancada ya hace tiempo por otra sociedad totalmente distinta, que consta de gimnasios, edificios de oficinas, bancos, aeropuertos, centros comerciales y laboratorios genéticos. La sociedad de nuestro siglo XXI ya no es la sociedad disciplinaria, sino una sociedad del rendimiento. Tampoco sus habitantes se llaman «sujetos forzados a obedecer», sino que son sujetos forzados a aportar rendimiento. Son empresarios de sí mismos. Ya nos resultan hasta arcaicos aquellos muros de los centros disciplinarios que marcan la separación entre los ámbitos de lo normal y los de lo anómalo. La analítica foucaultiana del poder ya no sirve para describir las transformaciones psíquicas y topológicas que se produjeron con el paso de la sociedad disciplinaria a la sociedad del rendimiento. Tampoco el término de «sociedad del control», que se emplea con frecuencia, recoge adecuadamente ese cambio, pues todavía connota demasiada negatividad.

La sociedad disciplinaria es una sociedad de la negatividad. Se caracteriza por la negatividad de la prohibición. El verbo modal negativo que impera en ella es «no estar permitido». También el verbo *deber* connota una negatividad, en este caso la de la coerción. En cambio, la sociedad del rendimiento se libera cada vez más de la negatividad. Precisamente la progresiva desregularización elimina esa negatividad. *Poder,* verbo que connota la superación de los límites y la supresión de las fronteras, es el verbo modal positivo de la sociedad del rendimiento. En la afirmación *Yes, we can* se emplea el colectivo plural del verbo *poder,* que expresa justamente el carácter positivo de la sociedad del rendimiento. La prohibición, el mandato y la ley son reemplazados por el proyecto, la iniciativa y la motivación. En la sociedad disciplinaria todavía impera el *no.* Su negatividad genera trastornados y criminales. En cambio, la sociedad del rendimiento genera deprimidos y fracasados.

El paso de la sociedad disciplinaria a la sociedad del rendimiento supone un cambio de paradigma que, sin embargo, obedece a una continuidad que se produce en un nivel fundamental. Lo que se mantiene continuo en el paso de una sociedad a otra es el afán de maximizar la producción, que, por lo visto, es inherente *al inconsciente social*. A partir de cierto nivel de productividad, la técnica disciplinaria o el esquema negativo de la prohibición alcanza enseguida su límite de eficacia y ya no puede producir más. Cuando eso sucede, para incrementar la productividad se pasa del paradigma del disciplinamiento al paradigma del rendimiento o esquema positivo, ya que a partir de un determinado nivel de productividad la negatividad de la prohibición causa bloqueos e impide un incremento proseguido. La positividad que implica poder hacer algo resulta mucho más eficaz que la negatividad que connota deber hacerlo. Por eso, el inconsciente social pasa del deber al poder. El sujeto forzado a aportar rendimiento es mucho más rápido y productivo que el sujeto forzado a obedecer. Sin embargo, el poder no deroga el deber. El sujeto del rendimiento sigue siendo disciplinado, no en vano viene de la fase disciplinaria. El poder hace que aumente el nivel de productividad que se había alcanzado con la técnica disciplinaria y con el imperativo del deber. Aplicando esto al incremento de productividad, diríamos que entre el deber y el poder no hay ruptura, sino continuidad.

Alain Ehrenberg sitúa la depresión en el paso de la sociedad disciplinaria a la sociedad del rendimiento:

El éxito de la depresión arranca en el momento en que el modelo disciplinario de control de las conductas, que a base de prohibiciones asignaba autoritariamente sus funciones a las clases sociales y a ambos sexos, ha cedido a las normas que impelen a cada uno a la iniciativa personal y lo obligan a ser sí mismo. [...] El deprimido no está a la altura, está cansado del esfuerzo de tener que ser sí mismo.[1]

El problema es que Ehrenberg aborda la depresión exclusivamente desde la perspectiva de la economía del yo. Desde esa perspectiva, la causa de las depresiones sería el imperativo social de pertenecerse solo a sí mismo. Para Ehrenberg, la depresión es la manifestación patológica de que, en la Modernidad tardía, el hombre fracasa en su intento de llegar a ser sí mismo. Pero otra causa de depresiones es también, justamente, la falta de vínculos que caracteriza a la fragmentación y la atomización progresivas de lo social. Ehrenberg no aborda este aspecto de la depresión. También pasa por alto la violencia *sistémica* inherente a la sociedad del rendimiento, que es la que causa los *infartos psíquicos*. Lo que causa la depresión por agotamiento no es el imperativo de perte-

1   Alain Ehrenberg, *La fatiga de ser uno mismo. Depresión y sociedad,* Buenos Aires, Nueva Visión, 2000, p. 12.

necerse solo a sí mismo, sino la *presión para rendir*. Mirándolo así, lo que denota el síndrome de desgaste laboral o *burnout* no es un *yo* agotado, sino un alma extenuada y quemada. Según Ehrenberg, las depresiones se multiplican cuando los mandatos y las prohibiciones de la sociedad disciplinaria son sustituidos por la responsabilidad y la iniciativa personales. En realidad, lo que nos enferma no es el exceso de responsabilidad y de iniciativa, sino el imperativo del rendimiento, la obligación de rendir, que viene a ser el nuevo *mandamiento* de la sociedad laboral en la Modernidad tardía.

No es correcta la equiparación que hace Ehrenberg del hombre actual con el individuo soberano del que hablaba Nietzsche:

> El individuo soberano, semejante a sí mismo y cuya venida vaticinaba Nietzsche, está a punto de convertirse en una realidad masiva: nada hay por encima de él que le pueda decir lo que debe ser, pues se pretende el único propietario de sí mismo.[2]

Sin embargo, precisamente Nietzsche diría que ese tipo de hombre que está a punto de convertirse en realidad masiva no es ningún superhombre soberano, sino el último hombre,

2 *Ibid.*, p. 140.

que no hace más que *trabajar*.[3] El nuevo tipo de hombre, que está indefenso y a merced del exceso de positividad, carece de toda soberanía. El hombre depresivo es aquel *animal laborans* que se explota a sí mismo, y que encima lo hace voluntariamente, sin que otros lo obliguen. Es víctima y verdugo al mismo tiempo. En sentido estricto, el *yo* sigue siendo una categoría inmunológica. Sin embargo, la depresión no encaja con ningún esquema inmunológico. La depresión se desencadena en el momento en el que el sujeto del rendimiento ya no es capaz de *poder* más. La depresión comienza como *una fatiga para crear y un cansancio para poder hacer nada*. Que un individuo depresivo se lamente de que *nada es posible* solo puede suceder en una sociedad que cree que *nada es imposible*. Ya no ser capaz de poder más induce a hacerse autorreproches destructivos y a las autoagresiones. El sujeto del rendimiento guerrea contra sí mismo. En esta guerra internalizada, el inválido es el depresivo. La depresión es la enfermedad de una sociedad que padece bajo un exceso de positividad. Refleja una humanidad que guerrea contra sí misma.

3 El «último hombre» de Nietzsche erige la salud en diosa: «Venérese la salud. "Hemos inventado la felicidad", dicen los últimos hombres pestañeando» (Friedrich Nietzsche, *Así habló Zaratustra*, en *Obras completas, Volumen IV, Obras de madurez II*, Madrid, Tecnos, 2016, p. 76).

El sujeto del rendimiento no está sometido a ninguna instancia externa de dominio que lo obligue a trabajar o incluso lo explote. Es dueño y soberano de sí mismo. No se subordina a nadie, o en todo caso solo a sí mismo. En eso se distingue del sujeto forzado a obedecer. La desaparición de las instancias externas de dominio no trae la libertad, sino que, más bien, hace que la libertad se identifique con la coerción. Por eso, el sujeto del rendimiento se entrega a la *libertad coercitiva* o a la *libre obligación* de maximizar el rendimiento.[4] El exceso de trabajo y de rendimiento se intensifica hasta convertirse en autoexplotación, que es más eficaz que la explotación externa, porque conlleva una sensación de libertad. El explotador es al mismo tiempo el explotado. Las víctimas ya no se distinguen de los verdugos. Esta autorreferencialidad da lugar a una libertad paradójica, que con las estructuras coercitivas inherentes a ella se torna violencia. Las enfermedades psíquicas de la sociedad del rendimiento son, justamente, manifestaciones patológicas de esta libertad paradójica.

4   En sentido estricto, la libertad está ligada a la negatividad: es siempre una libertad de la presión que sobre nosotros ejerce lo inmunológicamente distinto. Cuando la negatividad cede a un exceso de positividad, desaparece el énfasis de la libertad, que surge dialécticamente de la negación de la negación.

Aburrimiento profundo

El exceso de positividad también se manifiesta como exceso de estímulos, de informaciones y de impulsos. Ese exceso transforma radicalmente la estructura y la economía de la atención, provocando que la percepción se fragmente y se disperse. También el aumento de la carga laboral hace necesarias ciertas técnicas especiales para administrar el tiempo y centrar la atención, lo cual repercute a su vez en la propia estructura de la atención. La multitarea o *multitasking,* que es una técnica para administrar el tiempo y centrar la atención, no representa ningún avance civilizatorio. La multitarea no es una habilidad exclusiva del hombre de la sociedad laboral e informativa en la Modernidad tardía, sino que más bien representa un retroceso. La multitarea es muy común precisamente entre los animales en libertad. Es una técnica para repartir la atención, lo cual resulta imprescindible para sobrevivir en la naturaleza salvaje.

Un animal que está ocupado en comer debe atender al mismo tiempo a otras tareas. Por ejemplo, debe mantener alejados de su presa a otros predadores. Tiene que estar constantemente alerta, para que no lo devoren mientras está devorando. Al mismo tiempo, debe vigilar a sus crías y no perder de vista a su pareja. En la naturaleza salvaje, el animal está obligado a distribuir su atención entre diversas actividades. Por eso, es incapaz de sumirse en contemplaciones, ni siquiera mientras come o copula. El animal no puede sumirse en la contemplación de lo que tiene delante, porque al mismo tiempo debe estar pendiente de lo que tiene detrás. No solo la multitarea, sino también otras actividades como los juegos de ordenador generan una atención ampliamente repartida pero superficial, que se parece a la vigilancia que hace un animal salvaje. Los recientes desarrollos sociales y el cambio estructural de la atención hacen que la sociedad humana se parezca cada vez más a la naturaleza salvaje. Por poner un ejemplo, ya hasta el acoso laboral o *mobbing* está alcanzando dimensiones pandémicas. La preocupación por la vida buena, de la que también forma parte una buena convivencia, cede cada vez más a la preocupación por sobrevivir.

Debemos los logros culturales de la humanidad, entre los que cuenta también la filosofía, a una intensa atención contemplativa.

La cultura presupone un entorno en el que sea posible una atención intensa. Esta atención intensa está siendo desbancada cada vez más por otra forma distinta de atención, que es la *hiperatención (hyperattention)*. La atención dispersa se caracteriza porque cambia rápidamente su foco entre diferentes tareas, fuentes informativas y procesos. Como también tolera muy mal el aburrimiento, no admite aquel aburrimiento profundo que no dejaría de tener su importancia para el proceso creativo. Walter Benjamin llama a este aburrimiento profundo un «ave de ensueño, que incuba el huevo de la experiencia».[1] Si el sueño es el culmen de la relajación corporal, el aburrimiento profundo sería el culmen de la relajación espiritual. Del puro estrés no sale nada nuevo. El estrés no sirve más que para reproducir y acelerar lo que ya existe. Benjamin se lamentaba de que en la Modernidad desaparezcan cada vez más esos nidos de relajación y de tiempo que construía el ave de ensueño. Ya «no se teje ni se hila». El aburrimiento sería «una sábana gris y abrigadora, revestida por dentro con un forro de la más cálida y colorida seda», en la que «nos envolvemos al soñar». «Nuestro hogar son los

<hr />

1 Walter Benjamin, «El narrador», en *Iluminaciones IV. Para una crítica de la violencia y otros ensayos,* Madrid, Taurus, 1991, p. 118.

arabescos de su forro».[2] Con la pérdida de la relajación nos quedamos también sin el «don de la escucha atenta» y desaparece la «comunidad de personas que escuchan con atención», a la que se opone diametralmente nuestra comunidad de sujetos activos. El «don de la escucha atenta» estriba precisamente en la capacidad de prestar una atención intensa y contemplativa: capacidad que el ego hiperactivo ya ha perdido.

Quien se aburra paseando y al mismo tiempo no tolere el aburrimiento, deambulará inquieto y nervioso o se dedicará a una u otra actividad. Pero quien sea capaz de tolerar el aburrimiento, al cabo de un rato se dará cuenta de que, probablemente, es el propio paseo lo que le aburre. Y entonces se animará a hallar nuevas formas de moverse. Correr o ir a la carrera no son básicamente andaduras distintas del propio andar, sino un andar acelerado. Pero bailar o deslizarse sí que son ya formas distintas de moverse. El ser humano es el único que puede bailar. Es posible que alguna vez se aburriera profundamente de caminar, y que ese ataque de hastío lo incitara a cambiar del paso ligero al paso de baile. A diferencia de la marcha lineal en dirección recta, la danza y sus inflexiones son todo un lujo que no encaja con el principio de rendimiento.

2 *Id.*, *El libro de los pasajes*, Madrid, Akal, 2005, p. 131.

La expresión «*vita contemplativa*» no debe evocarnos ahora el mundo en el que surgió originalmente. Está ligada a aquella experiencia ontológica en la que la belleza y la perfección son inmutables, imperecederas e inaccesibles a la acción humana. El sentimiento básico que acarrea esa experiencia es el *asombro* ante la *esencia* de las cosas, que está por encima de todo manejo y de todo proceso. La *duda* cartesiana y moderna desbanca al *asombro*. Sin embargo, la capacidad contemplativa no está forzosamente referida al *ser* imperecedero. Precisamente, lo evanescente, lo poco llamativo o lo fugaz solo puede captarlos una intensa atención contemplativa.[3] También lo prolongado y lo reposado solo podemos captarlos si nos demoramos en una contemplación. La hiperactividad no puede captar las formas ni los estados de la duración. Paul Cézanne, aquel maestro de la atención intensa y contemplativa, comentó en cierta ocasión que podía *ver* incluso el aroma de las cosas. Para visualizar así los aromas se requiere una atención muy intensa. Por así decirlo, en el estado contemplativo uno se sale de sí mismo y *se* sumerge en las cosas.

---

3 Merleau-Ponty escribe: «Olvidamos las apariencias viscosas, equívocas, y a través de ellas vamos directamente a las cosas que esas apariencias nos presentan» (Maurice Merleau-Ponty, *Sentido y sinsentido,* Barcelona, Edicions 62, 1977, p. 45).

Merleau-Ponty describe la mirada contemplativa de Cézanne al paisaje como un proceso
de salida de sí y de vaciamiento interior: «Co-
menzaba por descubrir las bases geológicas.
Después dejaba de inquietarse y miraba, con
los ojos muy abiertos, dice Mme. Cézanne. [...]
El paisaje, decía, se piensa en mí y yo soy su
consciencia».[4]

Solo una atención intensa nos saca de la
«inconstancia de la mirada» y nos permite un
recogimiento con el que «entrelazar las manos
errantes de la naturaleza». Sin este recogimiento
contemplativo, la mirada vaga inquieta y sin
rumbo, impidiendo que nada se exprese. Pero
el arte es un «acto expresivo». Incluso el propio
Nietzsche, que sustituyó el *ser* por la voluntad,
sabía que la vida humana cae en una hiperactividad mortal cuando de ella se elimina todo
elemento contemplativo.

Por falta de tranquilidad, nuestra civili-
zación está cayendo en una nueva barbarie.
En ninguna otra época gozaron de mayor
predicamento los hombres activos, es decir,
los inquietos. Por eso, una de las correcciones
que es imperioso hacerle al carácter humano
es reforzar mucho el elemento contemplativo.[5]

4 *Ibid.*, p. 44.
5 Friedrich Nietzsche, *Humano, demasiado humano*,
en *Obras completas, Volumen III, Obras de madurez I*,
Madrid, Tecnos, 2014, pp. 194 s.

Vita activa

EN su obra *La condición humana*, Hannah Arendt trata de rehabilitar la *vita activa* frente a la primacía tradicional de la *vita contemplativa*, y procura darle una nueva articulación que recoja toda su diversidad interior. Opina que, tradicionalmente, la *vita activa* se ha rebajado de forma injusta a mera inquietud, *nec-otium* o *a-scholia*.[1] Arendt vincula su

1 Frente a lo que Arendt supone, en la tradición cristiana tampoco hubo una preponderancia unilateral de la *vita contemplativa*, sino que se aspiraba a una especie de simbiosis entre la vida activa y la contemplativa. Así escribe, por ejemplo, san Gregorio Magno: «Hay que saber que si un buen plan de vida exige que se pase de la vida activa a la vida contemplativa, a menudo será útil que el alma regrese de la vida contemplativa a la activa, para que la llama de la contemplación que se ha encendido en el corazón brinde toda su perfección a la actividad. Por eso, la vida activa debe llevarnos a la contemplación. Pero la contemplación debe empezar con lo que hemos contemplado en nuestro interior, y luego debe llamarnos de nuevo a la actividad». Cit. por Alois Maria Haas, «Die Beurteilung der *Vita contemplativa* und *activa* in der Dominikanermystik des 14. Jahrhunderts», en *Arbeit, Muße, Meditation,*

redefinición de la *vita activa* a la primacía de la acción y, al igual que su maestro Heidegger, se consagra a un activismo heroico. Sin embargo, en el primer Heidegger la acción resuelta tiene como referencia la muerte. La posibilidad de la muerte restringe la acción y hace que la libertad sea finita. En Hannah Arendt, por el contrario, la posibilidad de actuar tiene como referencia el nacimiento, y eso concede a la acción mayor énfasis heroico. El milagro consistiría en el propio hecho de que las personas han nacido y en el nuevo comienzo que ellas deben obrar con su acción, precisamente en virtud de haber nacido. La fe que obra milagros es sustituida por la acción. La que ahora obra milagros es la acción heroica, a la que las personas están obligadas por el hecho de haber nacido. De este modo, la acción adquiere una dimensión casi religiosa.[2]

Zúrich, Verlag der Fachvereine, 1985, pp. 109-131; aquí: p. 113.

2 «El *milagro* consiste en que nazcan hombres y en que, por el hecho de haber nacido, puedan hacer con su acción un nuevo comienzo. [...] Que en la tierra puede haber confianza y que se pueden albergar esperanzas para el mundo, acaso en ninguna otra parte se haya expresado más sucinta y bellamente que en las palabras con que los Oratorios de Navidad proclaman "la buena nueva": "Nos ha nacido un niño"» (Hannah Arendt, *La condición humana*, Buenos Aires, Paidós, 2005, p. 266).

Según Arendt, la sociedad moderna como sociedad laboral elimina toda posibilidad de actuar en el sentido recién explicado, al degradar al ser humano a *animal laborans,* a animal que trabaja. Una acción pondría activamente en marcha nuevos procesos, mientras que, según Arendt, el hombre moderno habría quedado pasivamente a merced de los procesos vitales anónimos. También el pensar degenera a cálculo como mera función cerebral. Todas las formas de la *vita activa,* tanto la producción como la acción, quedarían rebajadas al nivel del trabajo. Por eso, Arendt ve que la Modernidad, que inicialmente arrancó como una inédita y heroica activación de todas las facultades humanas, ha acabado ahora en una pasividad mortal.

Sin embargo, la explicación que da Arendt del triunfo del *animal laborans* no se sostiene a la luz de los recientes desarrollos sociales. Ella afirma que, en la Modernidad, la vida del individuo «se ha sumido por completo en la corriente del proceso vital al que se somete la especie», y que la única decisión activa e individual consistiría tan solo en «desistir de sí mismo, o, por así decirlo, en renunciar a la individualidad», para así «funcionar» mejor.[3] La absolutización del trabajo guarda relación con una evolución en la que, «en definitiva, con el

3   *Ibid.,* p. 346.

surgimiento y la propagación de la sociedad lo único que se impone como absoluto es la vida genérica de la especie humana».[4] Arendt cree percibir incluso cierto riesgo de que «el hombre se podría disponer a transformarse en la especie animal de la que, según Darwin, parece proceder».[5] Cree que si todas las actividades humanas se contemplaran desde un punto lo bastante lejano en el universo, ya no se percibirían como actividades, sino como procesos biológicos. Por ejemplo, si desde algún remoto punto del universo alguien observara la motorización, la vería como un proceso de mutación biológica, a lo largo del cual el cuerpo humano se recubre de una carcasa de metal a modo de caracol, de manera análoga a como algunas bacterias reaccionan a los antibióticos mutando en especies más resistentes.[6]

Las descripciones que hace Arendt del *animal laborans* moderno no encajan con lo que hoy podemos observar en nuestra sociedad del rendimiento. En la Modernidad tardía, el *animal laborans* no renuncia en absoluto a su individualidad ni a su ego para sumirse con su trabajo en el proceso vital anónimo de la especie. Tras un proceso de individualización,

4   *Ibid.*, p. 336.
5   *Ibid.*, p. 346.
6   *Ibid.*, p. 347.

la sociedad laboral se ha convertido en una sociedad del rendimiento y la actividad. En la Modernidad tardía, el *animal laborans* está a reventar de ego, y es todo menos pasivo. Si renunciara a su individualidad y se sumiera por completo en un proceso genérico, tendría al menos la serenidad del animal. En sentido estricto, el *animal laborans* de la Modernidad tardía es cualquier cosa menos animal. Es hiperactivo e hiperneurótico. Habrá que buscar otra respuesta a la pregunta de por qué en la Modernidad tardía todas las actividades humanas se rebajan al nivel del trabajo, produciéndose encima un estrés tan enervante.

La pérdida de la fe en la Modernidad, que no solo se refiere a Dios ni al más allá, sino también a la propia realidad, hace que la vida humana sea radicalmente efímera. La vida nunca ha sido tan fugaz como hoy. No solo la vida humana es radicalmente pasajera, sino también el mundo en general. Nada garantiza duración ni persistencia. Ante esta carencia *ontológica* se desatan nerviosismos y desasosiegos. Al animal que trabaja para su especie, la pertenencia a esa especie podría infundirle esa serenidad propia de los animales. Pero lo que sucede es que el yo de la Modernidad tardía, en vez de integrarse en su especie, se queda totalmente aislado. De nada sirven tampoco las religiones como técnicas relacionadas con la muerte, que antiguamente nos quitaban el miedo a morir y nos transmitían una sensación de pervivencia. El mundo ha perdido en general su carácter narrativo, y eso intensifica la sensación de caducidad y hace que el vivir se degrade a nuda vida. El propio trabajo es una nuda actividad. El puro trabajo es, exactamente, la actividad que corresponde a la nuda vida. El puro trabajo y la nuda vida se propician mutuamente. Ante la falta de técnicas narrativas para asimilar la muerte, se hace necesario mantener sana a toda costa esa vida desnuda. Ya Nietzsche decía que, tras la muerte de Dios, la salud se erigiría en diosa. Si hubiera un horizonte de sentido que trascendiera la nuda vida, la salud no se podría absolutizar de esta manera.

La vida actual es más nuda que la del *homo sacer*. Originalmente, el *homo sacer* era alguien que había sido expulsado de la sociedad por algún delito cometido. Se lo podía matar impunemente. Según Agamben, el *homo sacer* representa una vida que se puede matar sin más. *Homines sacri* serían también los judíos en los campos de concentración, los presos en Guantánamo, los sin papeles, los asilados que aguardan su expulsión en un espacio sin ley o los enfermos en las unidades de cuidados intensivos, que vegetan conectados a tubos. Si en la Modernidad tardía la sociedad del rendimiento nos ha reducido a *todos* nosotros a la nuda vida, entonces no solo son *homines sacri* las personas en situación de marginalidad social o en estado de excepción, es decir, no solo los repudiados, sino todos nosotros, sin exceptuación. Sin embargo, aquellos repudiados tienen la peculiaridad de que no se los puede matar sin más, sino que, en cierto modo, ya no se los puede matar de ningún modo: son, por así decirlo, *muertos vivientes*. La palabra *sacer* no tiene aquí el sentido de *maldito,* sino de *sagrado.* Pero ahora resulta que la nuda vida, la mera vida, es en sí misma sagrada, de modo que hay que conservarla a cualquier precio.

La hiperactividad y la histeria laboral y productiva son, precisamente, reacciones a la nuda vida, a una vida que se ha vuelto radicalmente efímera. También la actual aceleración tiene mucho que ver con esta carencia ontológica. La sociedad laboral del rendimiento no es una sociedad libre, sino que genera nuevas coerciones. La dialéctica del amo y el esclavo no conduce finalmente a una sociedad en la que es libre todo aquel que pueda gozar de ociosidad, sino que conduce a una sociedad laboral en la que el propio amo se ha convertido en esclavo del trabajo. En esta sociedad coercitiva, cada uno porta consigo su propio campo de trabajos forzados. La peculiaridad de este campo de trabajos forzados consiste en que uno es a la vez prisionero y vigilante, víctima y verdugo. Así es como uno se explota a sí mismo. De este modo, es posible la explotación aunque no haya instancias de dominio. Las personas que padecen depresión o sufren trastorno límite de la personalidad o trastorno bipolar presentan los mismos síntomas que los *muselmann* en los campos de concentración. Los *muselmann* eran reclusos consumidos y emaciados que, al igual que las personas que sufren depresiones agudas, habían caído en una apatía absoluta y ni siquiera eran capaces de distinguir entre el frío físico y las órdenes de los vigilantes. No podemos dejar de sospechar que el *animal laborans* de la Modernidad tardía, con sus trastornos neuronales, se ha convertido también en un *muselmann,* aunque con la salvedad de que, a diferencia de los *muselmann* de los campos de concentración, está bien nutrido y no rara vez es obeso.

El último capítulo de *La condición humana* de Hannah Arendt versa sobre el triunfo del *animal laborans*. Arendt no ofrece ninguna alternativa viable a esta evolución social. Tan solo constata con resignación que la capacidad de actuar está reservada ahora a unos pocos. Al final, en las últimas páginas de su libro, invoca directamente al pensamiento. El pensamiento sería el menos perjudicado por aquella evolución social negativa. Aunque el futuro del mundo no dependería del pensamiento, sino del poder de las personas que actúan, lo cierto es que el pensamiento tampoco sería irrelevante para el futuro del hombre, ya que, entre las actividades de la *vita activa,* pensar es la más activa de todas y supera en actividad a las demás, por ser acto puro. Arendt concluye su libro con estas palabras:

> Nadie que entienda un poco de la experiencia de pensar podrá dejar de asentir a esta sentencia de Catón: *Numquam se plus agere quam nihil cum ageret; numquam minus solum esse quam cum solus esset* («Nunca se es más activo que cuando no se hace nada; nunca se está menos solo que cuando se está consigo mismo»).

Lo cierto es que resulta un tanto forzada esta cita de Catón en las líneas finales del libro de Arendt. ¿Qué podría efectuar ese pensamiento puro, en el que la «experiencia de actuar» se expresa «de la forma más pura»? Precisamente el énfasis en la actividad tiene mucho en común con la hiperactividad y la histeria del sujeto del rendimiento en la Modernidad tardía. La sentencia de Catón con que concluye esta alabanza de la vida activa suena aquí un poco fuera de lugar. De hecho, es Cicerón quien la citó originalmente en su tratado *Sobre la república,* pero justamente para animar a sus lectores a que se retiraran a la soledad de la vida contemplativa, lejos del «foro» y del «tumultuoso gentío». Por eso, justo después de citar a Catón, Cicerón elogia expresamente la *vita contemplativa:* no es la vida activa, sino la vida contemplativa la que convierte al hombre en lo que debe ser. Arendt, sin embargo, utiliza esa cita para entonar su loa a la *vita activa.* Por otro lado, esa soledad de la vida contemplativa, de la que habla Catón, no se aviene sin más con el «poder de los hombres que actúan», que tanto invoca Arendt. Así pues, hacia el final de su obra *La condición humana,* lo que hace Arendt sin querer es una defensa de la *vita contemplativa.* No se da cuenta de que precisamente la pérdida de la capacidad contemplativa, que en realidad trae aparejada la absolutización de la *vita activa,* es también una de la causas de la histeria y del nerviosismo en la sociedad moderna de la actividad.

Pedagogía de la mirada

L A *vita contemplativa* presupone una peculiar pedagogía de la mirada. En *Crepúsculo
de los ídolos,* Nietzsche formula tres tareas
para las que se requieren educadores. Hay que
aprender a *mirar,* hay que aprender a *pensar* y
hay que aprender a *hablar* y a *escribir.* El objetivo de este aprendizaje sería, según Nietzsche,
adquirir una «cultura noble». Aprender a *mirar*
significa «hacer que el ojo se acostumbre a la
calma, a la paciencia de esperar hasta que las
cosas le lleguen», es decir, capacitar al ojo para
una atención intensa y contemplativa, para una
mirada prolongada y reposada. Este aprendizaje
de la mirada sería la «*primera* propedéutica de
la espiritualidad». Hay que aprender «a *no reaccionar enseguida* a un estímulo, sino a manejar
los instintos de inhibición y de moldeamiento».
La brutalidad y la ordinariez estribarían en la
«incapacidad de oponer resistencia a un estímulo», en la ineptitud para responder al estímulo
con una negativa. Reaccionar enseguida a cual-

quier impulso y dejarse llevar por él supondrían ya una enfermedad, un deterioro, un síntoma de agotamiento. Lo que Nietzsche formula aquí no es más que la necesidad de una revitalización de la *vita contemplativa,* que no consiste en acatar pasivamente ni en decir que *sí* a todo lo que nos sobreviene y acontece, sino en saber oponer resistencia a la agobiante avalancha de estímulos. La *vita contemplativa* guía soberanamente la mirada y no permite que se deje llevar por impulsos externos. Como acción soberana de rechazo, es más activa que toda hiperactividad, que justamente viene a ser un síntoma de agotamiento espiritual. Arendt pasa por alto la dialéctica de la actividad, según la cual una actividad incrementada hasta la hiperactividad se torna hiperpasividad, en la que uno ya se deja llevar por todo impulso y estímulo sin ofrecer resistencia. En lugar de libertad, esa dialéctica genera nuevas coerciones. Es un engaño creer que cuanto más activo sea uno tanto más libre será también.

Sin esos «impulsos de inhibición y moldeamiento», la acción se dispersa entre reacciones y desahogos frenéticos e hiperactivos. La pura actividad no hace más que prolongar lo que ya hay. Un verdadero giro a lo distinto presupone la negatividad de la interrupción. La negatividad de la contención es lo único que le permite al sujeto actuante superar todo el margen de contingencia que la mera actividad no puede controlar. Aunque la vacilación y la tardanza en actuar no son acciones positivas, lo cierto es que a veces es indispensable vacilar y tardar en actuar, para que la acción no se rebaje al nivel del trabajo. Hoy vivimos en un mundo que es muy pobre en interrupciones, en intervalos y en intermedios. La aceleración elimina todo intermedio. En el aforismo «El defecto principal de las personas activas», escribe Nietzsche: «A las personas activas les suele faltar la actividad superior [...]; en este sentido, son vagas. [...] Las personas activas ruedan como rueda la piedra: con la necedad del mecanismo».[1] Hay diversos tipos de actividad. La actividad que obedece a la necedad del mecanismo es pobre en interrupciones. Una máquina no puede contenerse. A pesar de su enorme capacidad de cálculo, el ordenador es necio porque carece de la capacidad de vacilar.

La aceleración y la hiperactividad generalizadas acarrean también que nos olvidemos de qué es el furor. El furor tiene una temporalidad peculiar, que no se aviene con la aceleración y la hiperactividad generalizadas, las cuales no toleran ninguna dilación temporal. El futuro se abrevia, convirtiéndose en un presente prolongado, carente de toda negatividad que permita

1 Friedrich Nietzsche, *Humano, demasiado humano,* *op. cit.*, p. 194.

mirar a lo distinto. El furor, por el contrario, cuestiona el presente. Requiere una detención que interrumpa el presente. En eso se diferencia del enojo. La dispersión generalizada, por la que se caracteriza la sociedad actual, no permite que surjan el énfasis y la energía del furor. El furor es un estado capaz de poner fin a una situación y *hacer que comience otra nueva.* Hoy el furor está siendo desbancado cada vez más por el enojo o el enervamiento, que no son capaces de obrar cambios radicales. De hecho, a veces nos enfadamos también por cosas que son inevitables y no se pueden cambiar. El enojo es al furor lo que el miedo a la angustia. A diferencia del miedo, que siempre se tiene de algo determinado, la angustia se siente del *ser en cuanto tal.* La angustia engloba y conmociona a la existencia *entera.* Tampoco el furor se refiere a ninguna circunstancia concreta, sino que vendría a ser una negación de la totalidad. En eso consiste la energía de su negatividad. Se correspondería con un estado de excepción. La progresiva positivización del mundo lo empobrece de situaciones excepcionales. Agamben no se percata de este aumento de positividad. Él diagnostica que el estado de excepción se amplía hasta convertirse en normalidad, pero, en realidad, lo que ocurre es que la positivización generalizada de la sociedad absorbe hoy toda situación excepcional, de modo que la normalidad se absolutiza. La progresiva positivización del mundo hace que prestemos mucha atención precisamente a nociones como «estado de excepción» o «inmunidad». Pero lo que esa atención demuestra no es la actualidad de esas nociones, sino más bien su obsolescencia.

La progresiva positivización de la sociedad hace que también se debiliten sentimientos como los de angustia y tristeza, que se basan en una negatividad, siendo, por tanto, sentimientos negativos.[2] Si el propio *pensar* fuera una *«red de anticuerpos* y de defensa inmunológica natural»,[3] la ausencia de negatividad transformaría el pensamiento en un *cálculo*. Que el ordenador calcule más rápidamente que el cerebro humano y sea capaz de admitir sin rechazo cantidades ingentes de datos posiblemente se deba a que carece de toda *alteridad*. Es una máquina positiva. Es cierto que también el *idiot savant* puede calcular operaciones que, aparte de él, solo una calculadora podría resolver, pero

2   Tanto la *«angustia»* heideggeriana como la *«náusea»* sartreana son típicas reacciones inmunológicas. El existencialismo es el discurso filosófico con mayor carácter inmunológico. Son la alteridad y la extrañeza las que hacen que la filosofía existencialista ponga un énfasis tan enérgico en la libertad. Que *Ser y tiempo* y *La náusea* sean las dos obras filosóficas capitales del siglo XX denota que ese siglo fue una época inmunológica.

3   Jean Baudrillard, *La transparencia del mal. Ensayo sobre los fenómenos extremos, op. cit.*, p. 68.

solo porque su autismo le hace encerrarse en sí mismo y carecer de negatividad. La positivización generalizada del mundo acarrea que tanto el hombre como la sociedad se transformen en *máquinas autistas de rendimiento*. También se podría decir que es justamente el sobreesfuerzo para maximizar el rendimiento lo que elimina la negatividad, porque esta inhibe el proceso de aceleración y causa ralentizaciones. Si el hombre fuera un *ser de negatividades,* la positivización total del mundo tendría repercusiones que no dejarían de ser peligrosas. Según Hegel, es justamente la negatividad la que mantiene con vida la existencia.

Hay dos formas de potencia. La potencia positiva es la facultad de hacer algo. En cambio, la potencia negativa es la facultad de no hacer, o, como diría Nietzsche, la facultad de decir que no. Pero esta potencia negativa se distingue de la mera impotencia, que es la incapacidad de hacer algo. La impotencia no es más que el opuesto de la potencia positiva. Pero ella misma es positiva en la medida en que está ligada a algo: no es capaz de algo determinado. La potencia negativa trasciende esa positividad, que está encadenada a algo. Es la facultad de no hacer. Si careciéramos de la facultad negativa de no percibir, y solo tuviéramos la facultad positiva de percibir algo, entonces la percepción quedaría sin remedio a merced de toda la avalancha de agobiantes estímulos e impulsos, y no sería posible ninguna *espiritualidad*. Correlativamente, si solo tuviéramos la facultad de hacer algo y careciéramos de la facultad de no hacer, entonces caeríamos en una hiperactividad mortal. Y, si solo tuviéramos la facultad de pensar algo, entonces el pensar se dispersaría entre una serie infinita de objetos. Sería imposible *reflexionar,* puesto que la potencia positiva, el exceso de positividad, solo nos permitiría *pensar ininterrumpidamente una cosa tras otra.*

La negatividad que implica *no hacer* es también una característica esencial de la contemplación. Por ejemplo, en la meditación zen uno intenta alcanzar la pura negatividad del *no hacer,* es decir, el vacío, liberándose de toda la agobiante avalancha de objetos. En realidad, es un proceso sumamente activo, y, por tanto, lo menos parecido a una pasividad. Es un ejercicio para alcanzar un punto de soberanía dentro de sí mismo, para ser el centro de sí. Si solo tuviéramos la potencia positiva, quedaríamos pasivamente a merced del objeto. Se da la paradoja de que la hiperactividad es una forma extremadamente pasiva de hacer, que ya no permite actuar libremente. Se basa en una absolutización unilateral de la potencia positiva.

El caso Bartleby

EL relato de Melville «Bartleby» ha sido objeto de frecuentes interpretaciones metafísicas y teológicas.[1] Pero de él se puede hacer también una lectura patológica. En esta «historia de Wall Street» se nos presenta un mundo laboral inhumano, cuyos habitantes se han degradado sin excepción a *animales laborantes*. Con todo detalle se nos describe la atmósfera lúgubre y hostil de un bufete, que está rodeado de rascacielos muy pegados. A menos de tres metros de las ventanas se alza una «alta pared de ladrillo, ennegrecida por los años y por la sombra». A la oficina, que parece una cisterna, le falta «vida». Está «totalmente desprovista de eso que los pintores paisajistas llaman "vida"». Me-

---

[1] Gilles Deleuze escribe: «De vocación esquizofrénica, y hasta catatónica y anoréxica, Bartleby no es el enfermo, sino el médico de una América enferma, el *Medicine-man*, el nuevo Cristo o el hermano de todos nosotros». Cf. Gilles Deleuze, «Bartleby o la fórmula», en J. L. Pardo *et al.*, *Preferiría no hacerlo*, Valencia, Pre-Textos, 2009.

lancolía y pesadumbre, temas muy recurrentes en el relato, conforman la atmósfera general de la narración. Todos los pasantes del abogado sufren trastornos neuróticos. Turkey, por ejemplo, se ve acometido por una «extraña, vehemente, exaltada, voluble precipitación en sus actos». Nippers, pasante de una ambición desmesurada, sufre trastornos digestivos psicosomáticos. Cuando trabaja rechina los dientes y siempre está musitando maldiciones. Hiperactivos y neuróticamente irritables, ambos son el polo opuesto del taciturno y hierático Bartleby. Bartleby presenta síntomas típicamente neurasténicos. Mirándolo así, su frase característica «preferiría no hacerlo» *(I would prefer not to)* no expresa la potencia negativa del no hacer ni el instinto de inhibición, que serían los prerrequisitos de la *espiritualidad*. Esa frase expresa más bien abulia y apatía, de las que al final acaba muriendo Bartleby.

La sociedad que describe Melville sigue siendo una sociedad disciplinaria. En toda la narración abundan muros y paredes, que son los elementos arquitectónicos típicos de una sociedad disciplinaria. «Bartleby» es, justamente, una «historia de *Wall* Street». «Muro» *(wall)* es una de las palabras más empleadas en el relato. Frecuentemente se habla del «muro ciego» *(dead-wall)*: «Al día siguiente, me di cuenta de que Bartleby no hacía más que estar parado frente a la ventana durante sus ensoñaciones ante el muro ciego» *(The next day I noticed that Bartleby did nothing but stand at his window in his dead-wall revery)*. El propio Bartleby trabaja detrás de un biombo y mira ausente hacia el muro ciego de ladrillos *(dead brick wall)*. El muro se asocia siempre con la muerte.[2] Característica de la sociedad disciplinaria es, sobre todo, la cárcel de gruesos muros, un motivo recurrente en Melville. En este relato, la cárcel se llama «Las Tumbas». Ahí se ha extinguido toda vida. Bartleby acaba en Las Tumbas y muere en un aislamiento y una soledad absolutos. Sigue simbolizando el sujeto forzado a obedecer. Aún no presenta los síntomas depresivos característicos de la sociedad del rendimiento en la Modernidad tardía. Los sentimientos de insuficiencia e inferioridad y el miedo a fracasar no forman parte de la economía emocional de Bartleby. No sabe lo que es hacerse constantes reproches ni agredirse a sí mismo. No se ve enfrentado al imperativo de ser sí mismo, que caracteriza a la sociedad del rendimiento en la Modernidad tardía. Tampoco fracasa en el proyecto de ser sí mismo. El monótono trabajo de copiar, que es la única actividad que debe desempeñar, no deja ningún margen a la iniciativa personal.

---

2   El término inglés *dead-wall* connota un matiz de muerte que se pierde en los términos españoles *cortafuegos* y *muro de ladrillo*.

Bartleby no enferma de exceso de positividad ni de sobreabundancia de posibilidades. No carga con el imperativo posmoderno de que cada uno tenga que ser *sí mismo*. Copiar es, justamente, una actividad que no da pie a ninguna iniciativa. Bartleby vive todavía en una sociedad de convenciones e instituciones, y desconoce el desgaste y la sobrecarga del yo, que son los que provocan la deprimente *fatiga del yo*.

Agamben hace una interpretación ontoteológica de Bartleby que no tiene en cuenta los aspectos patológicos y que, además, yerra ya en las situaciones narrativas. Tampoco atiende al cambio estructural de la psique que se produce en la actualidad. Asimismo, es problemática su sublimación del personaje de Bartleby como hipóstasis de la pura potencia metafísica:

> A esta constelación filosófica pertenece Bartleby, el escribiente. Como escribiente que ha dejado de escribir, es la figura extrema de la nada de la que procede toda creación y, al mismo tiempo, la más implacable reivindicación de esta nada como potencia pura y absoluta. El escribiente se ha convertido en la tablilla de escribir, ya no es nada más que la hoja de papel en blanco.[3]

3   Cf. Giorgio Agamben, «Bartleby o De la contingencia», en J. L. Pardo *et al.*, *Preferiría no hacerlo, op. cit.*

Según esta interpretación, Bartleby encarna el «espíritu», el «ser en su pura potencia», cuya metáfora sería la tablilla en blanco donde todavía no hay nada escrito.[4]

Bartleby es un personaje que no entabla ninguna relación consigo mismo ni con nada. Es un personaje sin mundo, ausente y apático. Sería una *hoja en blanco*, en el sentido de que está falto de toda referencia al mundo y de que su vida carece de todo sentido. Ya la mirada triste y cansina de Bartleby desmiente la pureza de la potencia divina que supuestamente encarnaría. Tampoco convence mucho la tesis de Agamben de que, si Bartleby se niega tenazmente a escribir, es para resaltar la potencia de *poder* escribir, y que su renuncia radical a querer nada denota una *potentia absoluta*: mientras no haga nada, conservará intacta su capacidad de poder hacerlo todo. En ese caso, la negativa de Bartleby sería reveladora, *kerigmática*. Bartleby sería la hipóstasis del puro «ser sin predicados». Agamben erige a Bartleby en mensajero angélico, en ángel de la anunciación, que, sin embargo, «no afirma nada de nada».[5] No obstante, Agamben pasa por alto que Bartleby rechaza todo «recado» *(errand)*. Se niega tenazmente a ir a correos: «—Bartleby —le dije—, Ginger Nut ha

4   *Ibid.*
5   *Ibid.*

salido. Vaya a la oficina de correos, por favor [...]. —Preferiría no hacerlo». Como es sabido, la historia termina con el curioso epílogo en el que se nos cuenta que Bartleby había trabajado temporalmente como empleado del departamento de cartas no reclamadas u «oficina de cartas muertas» *(Dead Letter Office)*:

> ¡Cartas muertas! ¿No suena como a hombres muertos? Imagínense a un hombre que, por naturaleza y desventura, es propenso a la pálida desesperanza: ¿habrá otro trabajo que parezca más apropiado para agudizarla que manejar continuamente estas cartas muertas, y clasificarlas para lanzarlas al fuego?

El receloso abogado exclama: «Con mensajes de vida, estas cartas se precipitan hacia la muerte». La existencia de Bartleby es la forma negativa del ser para la muerte. Esta negatividad refuta la interpretación ontoteológica de Agamben, en la que Bartleby es erigido en proclamador de una segunda creación, que en realidad sería una «des-creación» que volvería a eliminar la frontera entre lo que ha sido y lo que no ha sido, entre el ser y la nada.

Melville hace que en medio de Las Tumbas brote una pequeña simiente de vida. Pero lo cierto es que, ante la desesperanza infinita, ante la aplastante presencia de la muerte, el pequeño trozo de césped encarcelado aún resalta más la negatividad del reino de los muertos. Inútiles parecen también las palabras de consuelo que el abogado dirige a un Bartleby ya encarcelado: «No es nada vergonzoso que usted esté aquí. Y, mire, no es un lugar tan triste como uno podría creer. Mire, ahí está el cielo, y aquí el jardín». A lo que Bartleby contesta sin inmutarse: «Sé dónde estoy». Agamben interpreta el cielo y la hierba como signos mesiánicos. El pequeño trozo de césped en el reino de los muertos acentúa aún más el vacío sin esperanzas. «Con mensajes de vida, estas cartas se precipitan hacia la muerte», sería la moraleja del relato. Todos los esfuerzos por vivir conducen a la muerte.

Menos ilusiones se hace el «artista del hambre» de Kafka. Su muerte, de la que nadie se percata, supone un alivio enorme para todos los involucrados, «un descanso que notaría hasta el sentido más obtuso». Cuando muere, la retirada de su cadáver deja sitio libre para la llegada de la joven pantera, que encarna la alegría de vivir sin añoranzas:

> Sin pensárselo demasiado, los guardas le traían la comida que le gustaba. No parecía añorar ni siquiera la libertad. Ese cuerpo noble, dotado de todo lo necesario poco menos que para desgarrar cualquier cosa,

parecía llevar la libertad consigo. Es como si la libertad estuviera metida en algún lugar de la dentadura. Y la alegría de vivir brotaba con tanto ardor de sus fauces que a los espectadores no les resultaba fácil soportarla. Pero vencían su miedo, se apiñaban en torno a la jaula y no querían moverse de ahí.

Por el contrario, al artista del hambre lo único que le suscita una sensación de libertad es la negatividad de la negación. Pero esa sensación es tan engañosa como la libertad que la pantera parece guardar «en la dentadura». A Bartleby acude a verlo el «señor Chuleta», con sus pintas de trozo de carne. Hace un elogio desaforado del centro y trata de tentar a Bartleby para que coma:

Espero que el lugar le parezca agradable, señor; amplios jardines; habitaciones aireadas, señor; espero que se quede con nosotros un buen tiempo; trataremos de hacérselo agradable. ¿Nos concedería a la señora Chuleta y a mí el honor de cenar con nosotros, señor, en el aposento privado de la Sra. Chuleta?

Suena casi irónica la respuesta final del abogado al perplejo señor Chuleta, tras la muerte de Bartleby: «—¡Vaya! Está durmiendo, ¿no? —Con reyes y consejeros —murmuré». El relato no alienta ninguna esperanza mesiánica. Con la muerte de Bartleby cae «la última columna del templo derruido». Bartleby perece cual «barco naufragado en medio del Atlántico». La fórmula de Bartleby «preferiría no hacerlo» no encaja con ninguna interpretación cristológica ni mesiánica. Esta «historia de Wall Street» no es una historia de la «des-creación», sino una historia de la *extenuación*. Lamento y acusación en uno es la exclamación final del relato: «¡*Ay, Bartleby*! ¡*Ay, humanidad*!».

Sociedad del cansancio

El cansancio tiene un gran corazón.
MAURICE BLANCHOT

LA sociedad del rendimiento, que es una sociedad de la actividad, se está convirtiendo poco a poco en una sociedad del dopaje. En lugar de «dopaje cerebral», que es un término con connotaciones negativas, se habla ya de «mejora neuronal», que suena mejor. Por así decirlo, el dopaje hace posible aportar rendimiento sin necesidad de rendir. Incluso algunos científicos de prestigio advierten ya de que prácticamente sería una irresponsabilidad no recurrir a «potenciadores cognitivos». Un cirujano que gracias a esas sustancias pudiera concentrarse mejor al operar, cometería menos errores y podría salvar más vidas. El uso generalizado de «potenciadores cognitivos» tampoco sería ningún problema. Bastaría con hacer un uso legítimo de esas sustancias, entendiendo por tal garantizar un acceso universal a ellas. Pero, si se permitiera el dopaje también en el deporte, este degeneraría en competencia entre empresas farmacéuticas. Por otro lado, la sola prohibición no basta por sí misma para frenar una evolución en la que no solo el cuerpo, sino la persona entera, se convierte en una *máquina de rendimiento* que debe funcionar sin problemas y maximizar sus aportaciones. En realidad, el dopaje no es más que una *consecuencia* de esta evolución, en la que la *vitalidad* misma, que viene a ser un fenómeno muy complejo, se reduce a las funciones y los rendimientos vitales. La otra cara de esta evolución es que esta sociedad del rendimiento y la actividad genera un cansancio y un agotamiento excesivos. Estos estados psíquicos son característicos justamente de un mundo que es pobre en negatividad y en el que, a cambio, impera un exceso de positividad. No son reacciones inmunitarias, que serían respuestas a la negatividad de algo inmunológicamente distinto, sino que son causados más bien por un *exceso* de positividad. Un incremento excesivo del rendimiento provoca el infarto del alma.

El cansancio de la sociedad del rendimiento es un agotamiento solitario, que individualiza y aísla. Se trata de esa fatiga que, en su *Ensayo sobre el cansancio*,[1] Handke denomina el

---

1 Peter Handke, *Ensayo sobre el cansancio,* Madrid, Alianza, 2006.

«cansancio que desune»: «sin remedio, los dos acabábamos ya alejados uno de otro; cada uno en su propia extenuación, que ya era totalmente exclusiva de cada uno; no en una extenuación compartida, sino yo aquí en la mía y tú allí en la tuya». Ese cansancio que desune nos vence, «haciéndonos incapaces de hablar y hasta de mirar». Todo el campo visual lo ocupa solo el yo:

> No habría sido capaz de decirle: «Estoy cansado de ti». Ni siquiera un simple «¡cansado!» (que de haberlo gritado juntos quizá nos habría salvado de nuestros respectivos infiernos solitarios). El habla y el alma se nos calcinaban de fatiga.

Cansancios tales son violentos, porque destruyen toda comunidad, todo punto en común, toda cercanía, incluso el lenguaje mismo: «Ese tipo de cansancio, que nos dejaba sin habla, nos empujaba a la violencia. Acaso la violencia se reflejara solo en una mirada que deformaba lo otro».

A ese cansancio que nos desune, dejándonos sin habla y haciendo que ni siquiera nos miremos, Handke contrapone una lasitud elocuente, vidente y reconciliadora. La lasitud como un «más de menos yo» crea un *intervalo compartido* al aflojar la tenaza del yo. No solo veo lo otro, sino que soy lo otro, y «lo otro también pasa a ser yo». El intervalo compartido es un espacio de cordialidad como indiferenciación, donde «nada ni nadie *impera* ni *prepondera*». Cuando el yo se aminora, la gravedad ontológica pasa del yo al mundo. Es un «cansancio que da confianza en el mundo», mientras que el cansancio del yo, como fatiga solitaria, es un agotamiento que nos aísla del mundo y nos lo derrumba. El «cansancio que da confianza en el mundo» hace que el yo se *abra* al mundo y se vuelva *permeable* para él. Restablece la *dualidad,* que la fatiga solitaria había destruido por completo. Vemos y nos ven. Conmovemos y nos conmueven. Tenemos trato común. «Una lasitud que nos vuelve accesibles, que nos hace capaces de tener trato mutuo, de conmovernos y poder conmover». Hace posible la demora y la estancia. El menos de yo se manifiesta como más de mundo: «El cansancio era mi amigo. Yo volvía a estar ahí, en el mundo».

En este «cansancio fundamental» de Handke se recogen todas esas formas de existencia y de coexistencia que habían desaparecido por completo a raíz de la absolutización de la actividad. El «cansancio fundamental» es lo menos parecido a una extenuación que nos incapacite para hacer nada. Más bien, se presenta como una facultad peculiar. *Inspira.* Hace que nazca un *espíritu.* La «inspiración del cansancio» nos inspira para *no hacer:*

¡Entonemos una oda pindárica a un fatigado, en vez de a un vencedor! En la comunidad pentecostal recibiendo el Espíritu Santo me los imagino a todos exhaustos. La inspiración del cansancio no nos insufla tanto lo que hay que hacer cuanto lo que hay que omitir.

La lasitud infunde al hombre una serenidad especial, le permite sosegarse no haciendo nada. No es un estado de adormecimiento sensorial, sino que en ella se activa una videncia especial. Por eso, habla Handke de un «cansancio clarividente», que nos hace capaces de prestar una atención totalmente distinta y nos permite captar formas duraderas y reposadas, que escaparían a la breve y rápida hiperatención. «El cansancio articulaba [...] y ponía ritmo en la maraña habitual, propiciando la forma: forma hasta donde alcanzara la vista». Toda *forma* reposa. Toda *forma* es un rodeo. La economía de la eficacia y la aceleración la hace desaparecer. Handke erige el cansancio profundo en una forma de salvación y hasta de rejuvenecimiento. Hace que el mundo vuelva a producir asombro: «El fatigado Odiseo conquistó el amor de Nausícaa. La fatiga rejuvenece, nos infunde una juventud que nunca tuvimos. [...] Todo se torna asombroso en el sosiego del cansancio».

A la mano que trabaja y agarra, Handke le contrapone la mano que juega y que ya no agarra resuelta: «todas las tardes aquí, en Linares, me quedaba mirando cómo les iba entrando el cansancio a los niñitos [...]: ya no codiciaban nada ni llevaban nada en las manos, sino que no hacían más que jugar». El cansancio profundo afloja la tenaza de la identidad. Las cosas centellean, relumbran y vibran en sus bordes. Se hacen más difusas y permeables, y pierden algo de su determinación. Esa peculiar indiferenciación les infunde un *aura de cordialidad*. Se derogan las demarcaciones estrictas que nos separan de otros: «Cuando nos invade este cansancio fundamental, una cosa nunca se nos presenta aislada, sino siempre junto con otras y, aunque haya pocas cosas, al final todo está junto». Este cansancio nos llena de una profunda cordialidad y hace concebible una comunidad para la que no se precise pertenencia ni parentesco. Una cordial adición crea lazos de unión entre personas y cosas. En un bodegón holandés Handke reconoce una prefiguración de esta singular comunidad, de esta comunidad de singularidades:

Tengo una imagen para el «todo en uno»: aquellos bodegones florales del siglo XVII, por lo general holandeses, en cuyas flores aparece un escarabajo aquí, un caracol ahí, una abeja allí, una mariposa allá, pintados con tanto realismo que parecen vivos; y, aunque quizá ninguno de ellos tenga noticia de la presencia de los otros, en este momento, y para *mi* mirada, están todos juntos.

El cansancio del que habla Handke no es una fatiga del yo, no es el agotamiento de un yo extenuado, sino lo que él llama un «cansancio del nosotros». Cuando esta lasitud me invade, ya no estoy «cansado de ti», sino, como dice Handke, «cansado para ti»:

> Nos quedábamos sentados, que yo recuerde siempre afuera, al sol de la tarde, y, hablando o en silencio, disfrutábamos del cansancio compartido. [...] En aquel momento nos unía una nube de cansancio, una lasitud etérea [...].

La fatiga por extenuación es un cansancio de la potencia positiva. Nos incapacita para hacer *nada*. En cambio, la inspiradora lasitud es un cansancio de la potencia negativa, que es la facultad de *no hacer*. También el *sabbat*, que originalmente significa «cesar», es un día de *no hacer*, un día no sometido a ninguna finalidad —libre de todo «para», que diría Heidegger—, un día en el que estamos libres de preocupaciones. Es un *intermedio*. Tras haber terminado la creación, Dios declaró sagrado el séptimo día. Así que sagrado no es el día de las finalidades, sino el día de *no hacer,* un día en el que sería posible hacer *uso de lo inservible*. Es el día del cansancio. El *intermedio* es un tiempo sin trabajo. Es un *inter-ludio,* palabra que etimológicamente significa «intervalo para jugar». También se diferencia del tiempo heideggeriano, que básicamente es un tiempo de preocupaciones y de trabajo. Handke describe este intermedio como un tiempo de paz. El cansancio nos cautiva y desarma. En la prolongada y reposada mirada del fatigado, la resolución ha cedido a la serenidad. El intermedio es un tiempo para ese tipo especial de cordialidad que es la indiferenciación:

> Aquí estoy hablando del cansancio en la paz, en el intermedio. Y en aquellas horas había paz [...]. Y lo asombroso es que, ahí, mi cansancio parecía contribuir a la paz temporal, cuando su mirada... ¿aplacaba?, ¿atenuaba?..., desarmaba ya en su arranque cada uno de los gestos de violencia, de discusión o siquiera de una acción desabrida.

Handke esboza una *religión inmanente del cansancio*. El «cansancio fundamental» acaba con el aislamiento egocéntrico y crea una comunidad para la que no se precisa el parentesco. En ella surge un *ritmo* especial que crea una *concordancia*, una cercanía, una vecindad que no precisa de lazos familiares ni de vínculos funcionales:

> Una forma especial de fatiga que nos convierta en otro Orfeo, a cuyo derredor se congregarían las bestias más salvajes para poder compartir, por fin, su cansancio. Esta fatiga les marca un ritmo a los individuos dispersos.[2]

Aquella «comunidad pentecostal» que inspira para *no hacer* se opone a la sociedad de la actividad. En esa comunidad, Handke se los imagina «a todos exhaustos». Es una sociedad de fatigados en un sentido particular. Si «la comunidad pentecostal» fuera sinónima de la sociedad venidera, esa sociedad futura bien podría llamarse también *la sociedad del cansancio*.

2 Tanto la ética kantiana como la de Lévinas están estructuradas inmunológicamente. Por ejemplo, el sujeto moral kantiano practica la tolerancia, que viene a ser una categoría genuinamente inmunológica, pues lo que se tolera es la alteridad. La ética kantiana es una ética de la negatividad, que luego Hegel llevará a su culminación con su teoría del reconocimiento. En cambio, para Lévinas la tolerancia inmunitaria del yo es nula. Según él, el yo está «expuesto» a la «violencia» que viene del otro y que lo cuestiona radicalmente. Esta acentuación de lo totalmente distinto hace que la ética de Lévinas tenga un carácter inmunológico.

Sociedad del *burnout*

EL aparato psíquico del que habla Freud es un aparato represivo lleno de mandatos y prohibiciones. Está estructurado como una sociedad disciplinaria, con sus hospitales, manicomios, cárceles, cuarteles y fábricas. Por eso, el psicoanálisis de Freud solo funciona en una sociedad represiva, cuya organización se basa en la negatividad de las prohibiciones. Sin embargo, la sociedad de hoy no es primariamente una sociedad disciplinaria, sino una sociedad del rendimiento, que cada vez se libera más de la negatividad de las prohibiciones y los mandatos y se hace pasar por una sociedad de la libertad.

El verbo modal que define la sociedad del rendimiento no es el «deber» freudiano, sino el verbo *poder*. Esta transformación social acarrea una reestructuración psíquica interior. El sujeto de la Modernidad tardía, que se ve forzado a aportar rendimiento, tiene una psicología totalmente distinta que el sujeto forzado a obedecer, en el que se basaba el psicoanálisis de Freud. El aparato psíquico del que habla Freud está regido por la negación, la represión y el miedo a la transgresión, de modo que el yo es una «sede de la angustia».[1] En la Modernidad tardía, eso ya no se puede decir del sujeto del rendimiento, que es un sujeto de la afirmación. Si el inconsciente estuviera forzosamente vinculado con la negatividad de la negación y la represión, entonces el sujeto neoliberal del rendimiento no tendría inconsciente: sería un yo posfreudiano. El inconsciente freudiano no es un estrato atemporal, sino un producto de la sociedad disciplinaria y represiva, de la que cada vez estamos más distantes.

El trabajo del yo freudiano consiste, sobre todo, en cumplir con un deber. En eso se parece al sujeto kantiano, que debe obedecer. En Kant, la conciencia asume el papel de lo que Freud llama «yo superpuesto». También el sujeto moral kantiano está sometido a un «poder»:

Todo hombre tiene conciencia moral y se siente observado y amenazado por un juez interior y, en general, se ve instado por ese juez a venerar (veneración es respeto asociado con miedo); y este poder que dentro de él vela por las leyes no es algo que él se

1 Sigmund Freud, *El yo y el ello*, en *Obras completas XIX*, Buenos Aires, Amorrortu, 1992, p. 57.

construya por sí mismo (arbitrariamente), sino que está incorporado a su ser.[2]

Al igual que el sujeto freudiano, también el sujeto kantiano está escindido en sí mismo. Actúa por mandato de *otro,* que, no obstante, es parte de él mismo:

> Esa predisposición original intelectual y moral (porque es la noción de un deber) que llamamos *conciencia moral* tiene en sí misma la peculiaridad de que, aunque la tarea que impone sea tal que el hombre debe desempeñarla consigo mismo, sin embargo, la razón fuerza al hombre a desempeñarla como si fuera por mandato *de otra persona.*[3]

Esta escisión de la persona lleva a Kant a hablar del «yo desdoblado» o de la «personalidad doble».[4] El sujeto moral es, a la vez, reo y juez.

El sujeto forzado a obedecer no es un sujeto del placer, sino un sujeto del deber. Por eso, también el sujeto kantiano debe cumplir su deber de trabajar, reprimiendo sus «inclinaciones». El Dios kantiano, ese «ser moral que tiene poder

---

2 Immanuel Kant, *La metafísica de las costumbres,* Madrid, Tecnos, 2005, p. 303.
3 *Ibid.*
4 *Ibid.,* p. 304.

sobre todo», no solo aparece como instancia de castigo y condena, sino también —y este es un aspecto muy importante en el que rara vez se repara— como instancia de *gratificación*. En aras de la virtud, el sujeto moral en cuanto sujeto del deber reprime todas las inclinaciones placenteras, pero luego el Dios moral premia con la bienaventuranza el trabajo realizado con dolor. La bienaventuranza se «reparte exactamente [...] en proporción directa a la moralidad».[5] El rendimiento moral merece la pena. El sujeto moral, que en aras de la moralidad está dispuesto incluso a asumir el dolor, tiene la certeza de que recibirá la gratificación. Eso le permite mantener una relación muy estrecha con el otro, que representa para él una instancia de gratificación. Aquí no hay riesgo de déficit de gratificación: Dios no engaña y se puede confiar en Él.

En la Modernidad tardía, el sujeto del rendimiento ya no desempeña trabajos por obligación. Sus máximas no son la obediencia, la ley ni el cumplimiento del deber, sino la libertad y la voluntad. Lo que más espera del trabajo es un aumento de placer. Tampoco actúa por mandato ajeno, sino que, sobre todo, se escucha a sí mismo. Al fin y al cabo, debe ser el empresario de sí mismo. De este modo, se libera de la negativi-

5   Immanuel Kant, *Crítica de la razón práctica*, Ciudad de México, FCE, p. 142.

dad de una instancia ajena que le dé órdenes. Sin embargo, esa liberación de instancias ajenas no solo tiene efectos emancipadores y aliviadores. La fatídica dialéctica de la libertad hace que esa liberación también dé lugar a nuevas coerciones.

La falta de relación con el otro desencadena, sobre todo, una crisis de gratificación. La gratificación como reconocimiento presupone la instancia del otro o de un tercero. También Richard Sennett atribuye la crisis de gratificación a una perturbación narcisista y a la falta de relación con el otro:

Como trastorno del carácter, el narcisismo es lo opuesto a un acentuado amor a sí mismo. Ensoberbecerse no es gratificante, sino que resulta doloroso para el yo. Eliminar la frontera entre el yo y el otro significa que nada *nuevo* ni *distinto* podrá entrar nunca en el yo. Lo nuevo y distinto es asimilado y reelaborado por el yo, hasta que el yo se pueda reconocer en ello. Pero la consecuencia de todo esto es que lo nuevo y lo distinto se acaban volviendo irrelevantes. [...] El narcisista no busca experiencias: en todo lo que le sucede, lo único que busca es la vivencia de sí mismo. [...] Uno se ahoga en el yo [...].[6]

6 Richard Sennett, *El declive del hombre público*, Barcelona, Península, 1978, p. 401.

Toda experiencia es un encuentro con lo *distinto*. Por eso, las experiencias son transformadoras y hasta renovadoras. En cambio, las vivencias amplían el yo, proyectándolo sobre lo distinto y sobre el mundo: son comparativas por *igualadoras*. En el amor a sí mismo, la frontera con el otro está nítidamente definida. En el narcisismo, por el contrario, esa frontera se difumina: el yo se propaga y se vuelve difuso.

Sennett tiene razón cuando relaciona los trastornos psíquicos del individuo actual con el narcisismo, pero sus conclusiones son erróneas:

> Contantemente aumentan las expectativas, y, por tanto, las conductas nunca se experimentarán como satisfactorias, lo cual responde a la incapacidad de finalizar nada. Se evita la sensación de haber alcanzado un objetivo, porque en tal caso la vivencia personal se objetivaría, asumiría una forma y un perfil, y con ello alcanzaría una existencia independiente del yo.[7]

En realidad, lo que sucede es otra cosa. La sensación de haber alcanzado un objetivo no se *evita adrede,* sino que, más bien, nunca se tiene la sensación de haber alcanzado un objetivo definitivo. No es que el sujeto narcisista no

7   *Ibid.,* p. 414.

quiera finalizar nada, sino que no puede. El imperativo de rendimiento lo fuerza a rendir cada vez más. Por eso, nunca se alcanza un punto de gratificante reposo. El sujeto narcisista vive con una permanente sensación de carencia y culpa. En definitiva, compite contra sí mismo, y por eso trata de superarse a sí mismo, hasta que se derrumba. Sufre un colapso psíquico, que se designa como *burnout* o «síndrome de desgaste laboral». El sujeto forzado a rendir se mata a autorrealizarse. Autorrealización y autodestrucción coinciden aquí.

La histeria es una enfermedad psíquica típica de la sociedad disciplinaria, que es la sociedad en la que se estableció el psicoanálisis. Presupone la negatividad de la represión, que es la que también produce la formación del inconsciente. Los «representantes de las pulsiones» —como los llama Freud—, al ser reprimidos, son expulsados al inconsciente; pero desde ahí, a través de una «conversión», pasan a manifestarse como síntomas corporales, que marcan inequívocamente el carácter de la persona. Los histéricos presentan rasgos característicos. Por eso, la histeria tiene una morfología distinta que la depresión.

Según Freud, el «carácter» es un fenómeno de la negatividad, pues no se configura sin censura en el aparato psíquico. Por eso, Freud lo define como una «sedimentación de los rasgos de los que primero hemos revestido a los objetos y a los que luego hemos renunciado».[8] Cuando el yo se percata de que en el ello los objetos han sido revestidos de rasgos, rechaza esos rasgos mediante el procedimiento de la represión. El carácter recoge la historia de la represión. Refleja una determinada relación del yo con el ello y con el «yo superpuesto». Mientras que el histérico presenta una morfología característica, el depresivo no tiene forma, es amorfo. Es una persona sin carácter.

Carl Schmitt comenta que es una «señal de escisión interior [...] tener más de un único verdadero enemigo». Lo mismo se puede decir también de los amigos. Para Schmitt, tener más de un único amigo sería señal de falta de carácter y de personalidad. La multitud de amigos en Facebook sería para Schmitt un indicio de falta de carácter y de personalidad, por la que se caracteriza el yo en la Modernidad tardía. Dicho de manera positiva, del hombre sin carácter diríamos que es una persona flexible, capaz de asumir cualquier figura, papel y función. Esta falta de carácter y esta flexibilidad permiten una alta eficiencia económica.

El inconsciente y la represión «se correlacionan en gran medida», como subraya Freud. En cambio, los procesos de represión y negación

---

8 Sigmund Freud, *El yo y el ello, op. cit.*, p. 31.

no intervienen en las enfermedades psíquicas actuales, como la depresión, el *burnout* o «síndrome de desgaste laboral» y el trastorno por déficit de atención e hiperactividad (TDAH). Estas enfermedades denotan más bien un exceso de positividad, es decir, no una negación, sino la incapacidad de decir que no y negarse: no la incapacidad de negarse a que a uno no le permitan algo, sino la incapacidad de negarse a poder hacerlo todo. Por eso, el psicoanálisis no puede tratar estas enfermedades. La depresión no se produce como consecuencia de una represión impuesta por instancias dominantes, como el «yo superpuesto». En las personas que sufren depresiones tampoco se producen esas «transferencias» que remitirían indirectamente a contenidos psíquicos reprimidos.

La actual sociedad del rendimiento, con sus ideas de libertad y de desregulación, elimina masivamente las barreras y las prohibiciones, que eran características de la sociedad disciplinaria. El resultado es que hoy no hay límites ni barreras, y que incluso reina una promiscuidad generalizada. Por eso, hoy ya no se producen alucinaciones paranoicas, como las que tenía Daniel Paul Schreber y que Freud atribuyó a su homosexualidad reprimida. El *caso Schreber* es un caso típico de la sociedad disciplinaria del siglo XIX, en la que también imperaba una prohibición estricta de la homosexualidad y, en general, una prohibición estricta del placer.

El inconsciente no interviene en la depresión. Sin embargo, Alain Ehrenberg sigue manteniendo que sí:

> Fue la historia de la depresión la que nos ayudó a comprender este brusco cambio social e intelectual. Su imparable ascenso engloba las dos parejas de modificaciones que afectaron al sujeto durante la primera mitad del siglo XX: la liberación psíquica y la inseguridad de la identidad; la iniciativa personal y la incapacidad de actuar. Estas dos parejas de modificaciones revelan riesgos antropológicos que radican en que, en psiquiatría, el conflicto neurótico se torna abulia depresiva. De ahí sale un individuo que debe enfrentarse a mensajes que le llegan de algo desconocido que él no puede controlar; mensajes que le llegan de esa parte irreductible que los occidentales llamaron «el inconsciente» [...].⁹

Según Ehrenberg, la depresión simboliza lo «incontrolable», lo «irreductible».¹⁰ Su causa

9 Alain Ehrenberg, *La fatiga de ser uno mismo. Depresión y sociedad, op. cit.*, p. 270.

10 *Ibid.*, p. 273: «En la época de las posibilidades ilimitadas, la depresión simboliza lo ingobernable. Po-

sería el «choque de las posibilidades ilimitadas contra lo incontrolable».[11] Por consiguiente, la depresión se produciría cuando un sujeto que aspira a tener iniciativas fracasa por culpa de lo incontrolable. Pero lo incontrolable, lo irreductible o lo desconocido son, igual que el inconsciente, figuras de la negatividad, y como tales no entran a constituir la sociedad del rendimiento, caracterizada por un exceso de positividad.

Freud concibe la melancolía como una relación destructiva con algo distinto que se ha interiorizado y convertido en parte de sí mismo. A raíz de ello, conflictos que originalmente eran externos pasan a interiorizarse y se transforman en una relación conflictiva consigo mismo, la cual produce un empobrecimiento del yo y conduce a autoagresiones. En cambio, la enfermedad depresiva que padece el actual sujeto del rendimiento no es causada por una relación conflictiva y ambivalente con algo externo que luego se hubiera perdido. Esta enfermedad no implica ninguna dimensión de alteridad. Lo que causa la depresión —a la que frecuentemente aboca

---

dremos manipular nuestra naturaleza mental y corporal, podremos desplazar nuestros límites con ayuda de diversos medios, pero esta manipulación no nos liberará de nada. Las coerciones y las libertades se modifican, pero *lo irreductible* no disminuye».

11 *Ibid.*

el *burnout* o «síndrome de desgaste laboral»—
es, más bien, una relación excesivamente tensa,
sobreexcitada y narcisista consigo mismo, que
acaba por asumir rasgos destructivos. El sujeto
del rendimiento, que se agota y se deprime, acaba
—por así decirlo— desazonado de sí mismo. Se
siente exhausto, hastiado de sí y harto de guerrear
contra sí mismo. Totalmente incapaz de salir de
sí mismo, de estar afuera, de confiar en el otro y
en el mundo, se obceca consigo mismo, y eso lo
conduce, paradójicamente, al socavamiento y al
vaciamiento del yo. Se desgasta, metido en una
especie de rueda de hámster que gira cada vez
más rápido sobre sí misma.

También los nuevos medios y las nuevas
técnicas de comunicación suprimen cada vez
más la relación con lo distinto. El mundo digital
es pobre en alteridad. Tampoco encontramos en
él la capacidad de resistencia que caracteriza a
la alteridad. El yo puede viajar por los espa-
cios virtuales prácticamente sin necesidad del
«principio de realidad», que sería el principio
de alteridad y la resistencia que esta opone. Lo
que el yo narcisista se encuentra por los espa-
cios virtuales es, más que nada, a sí mismo. La
virtualización y la digitalización provocan la
progresiva desaparición de una realidad capaz
de oponer resistencia.

En la Modernidad tardía, el sujeto del
rendimiento dispone de un exceso de opciones,

pero no es capaz de entablar vínculos fuertes. En la depresión se rompen todos los lazos, también el vínculo consigo mismo. A diferencia de la depresión, la tristeza y el duelo se caracterizan por una fuerte ligazón libidinosa a un objeto. En cambio, la depresión carece de objeto, y, por tanto, de orientación. Conviene distinguir también la depresión de la melancolía. La melancolía responde a una experiencia de pérdida. Por eso, sigue metida en una relación, pero en una relación negativa con algo ausente. En cambio, en la depresión se han amputado toda relación y todo vínculo.

La tristeza y el duelo se producen por la pérdida de un objeto fuertemente cargado de libido. Quien se entristece y se conduele tiene en sus pensamientos al otro al que ama. En cambio, el yo de la Modernidad tardía emplea la mayor parte de su energía libidinosa en sí mismo. La libido restante se reparte entre un creciente número de contactos y relaciones pasajeras. Como esos vínculos son débiles, es fácil retirar la libido de un objeto para pasársela a otro. El arduo y doloroso «proceso de superación del duelo» resulta ahora superfluo. Los «amigos» que se agregan en las redes sociales cumplen, sobre todo, la función de intensificar el sentimiento narcisista de uno mismo, conformando una muchedumbre que aplaude y presta atención a un ego que se expone como una mercancía.

Ehrenberg supone que entre la melancolía y la depresión hay una diferencia meramente cuantitativa. La melancolía, que siempre tuvo connotaciones elitistas, se habría democratizado hoy convirtiéndose en depresión: «Si la melancolía era peculiar del hombre excepcional, la depresión denota la *democratización de lo excepcional*».[12] La depresión sería una «melancolía a la que se suma la igualdad, la enfermedad por excelencia del hombre democrático». Ehrenberg sitúa la depresión en una época en la que el hombre soberano —cuya venida había vaticinado Nietzsche— se ha convertido en una realidad masiva. Por consiguiente, el depresivo está agotado de su propia soberanía y ya no tiene fuerzas para ser dueño de sí mismo. Está cansado de la permanente exigencia de iniciativa. Con esta etiología de la depresión, Ehrenberg se enreda en una contradicción, pues la melancolía, que ya se padecía en la Antigüedad, no se puede pensar desde la perspectiva del extenuado sujeto del rendimiento. Un melancólico de la Antigüedad es lo menos parecido al sujeto depresivo que no tiene fuerzas «para ser dueño de sí mismo» o que carece de «la pasión por ser sí mismo».[13]

El sujeto del rendimiento que sufre depresiones no es el soberano «hombre superior»,

12 *Ibid.*, p. 259.
13 *Ibid.*, p. 199.

sino más bien el «último hombre». Desde el punto de vista de la crítica cultural, y frente a lo que Ehrenberg supone, el hombre superior de Nietzsche es un paradigma opuesto al extenuado sujeto del rendimiento. No en vano se presenta como hombre ocioso. A quien Nietzsche aborrecería sería, más bien, al hiperactivo. El «alma fuerte» conserva la «calma», «se mueve reposadamente» y siente «aversión hacia lo demasiado vivaz». En *Así habló Zaratustra* escribe Nietzsche:

> Todos vosotros, que amáis el trabajo desenfrenado y al hombre rápido, nuevo y foráneo, os soportáis mal a vosotros mismos; vuestra laboriosidad es huida y voluntad de olvidaros de vosotros mismos. Si creyerais más en la vida, no os entregaríais tanto al instante. ¡Pero no sois lo bastante sustanciales para saber aguardar, y ni siquiera para la vagancia![14]

Lo que enferma es la liviandad, que impide que el yo tenga gravidez y sustancialidad. Y el imperativo que obliga a cada uno a «tener que llegar a ser sí mismo», «a pertenecerse únicamente a

14   Friedrich Nietzsche, *Así habló Zaratustra, op. cit.*, p. 96.

sí mismo», tampoco basta para proporcionar esa gravedad que moldearía al yo.

Sin embargo, la crítica cultural que hace Nietzsche es problemática, porque apenas presta atención a los procesos económicos. Las formas que moldearían el yo y le darían una «sustancialidad» firme también lo volverían demasiado inflexible para el régimen de producción capitalista. Todo molde bloquea la aceleración del proceso de producción capitalista. Tanto más eficazmente se explotará a sí mismo el sujeto del rendimiento cuanto más abierto se mantenga a todo y más *flexible* sea. Así se convierte en el último hombre.

Igual que la histeria, el duelo o la tristeza, la melancolía es un fenómeno de la negatividad, mientras que la depresión responde a un exceso de positividad. La tesis de Ehrenberg de que la depresión es una forma democrática de melancolía no tiene en cuenta esta diferencia fundamental. Si hay una relación entre depresión y democracia, habrá que buscarla en otra parte. Para Carl Schmitt, la depresión sería típica de la democracia porque carece de fuerza moldeadora, del incisivo poder de la decisión.

En su análisis de la depresión, Ehrenberg examina únicamente la psicología y la patología del yo, sin tener en cuenta el contexto económico. En realidad, el *burnout* o «síndrome de desgaste laboral», que a menudo precede a

la depresión, no remite a aquel individuo soberano que se queda sin fuerzas para «ser dueño de
sí mismo», sino que es, más bien, la consecuencia
patológica de una autoexplotación voluntaria.
El imperativo de crecimiento, transformación
y reinvención personal, cuyo reverso es la depresión, presupone una oferta de productos
ligados a la identidad. Cuanto más a menudo
cambie la identidad, tanto más se fomentará la
producción. La sociedad disciplinaria industrial
necesita identidades invariables, mientras que la
sociedad posindustrial del rendimiento, si quiere
incrementar la producción, necesitará personas
flexibles.

Según Ehrenberg, la causa de las depresiones es la incapacidad de afrontar los conflictos:
«El éxito de la depresión se debe a que se ha
perdido la capacidad de afrontar conflictos, en
la que se basaba la noción de sujeto que nos legó
el final del siglo XIX».[15] El psicoanálisis clásico
se basa en el modelo de conflicto. Según ese
modelo, la sanación consiste en *darse cuenta,*
es decir, en ser expresamente consciente de que
se está produciendo un conflicto psíquico interior. Pero el modelo de conflicto presupone la
negatividad de la represión y de la negación. Por
eso, ese modelo ya no se puede aplicar hoy a la

15   Alain Ehrenberg, *La fatiga de ser uno mismo.
Depresión y sociedad, op. cit.,* p. 18.

depresión, que carece por completo de negatividad. Aunque Ehrenberg se da cuenta de que lo que constituye la depresión es la incapacidad de afrontar conflictos, sin embargo, cuando la explica, se sigue aferrando al modelo de conflicto. Según Ehrenberg, la depresión se basa en un conflicto *oculto,* que con los antidepresivos todavía se relega más a un segundo plano: «Con el evangelio del desarrollo personal en una mano y con el culto al éxito en la otra, el conflicto no desaparece, pero pierde su evidencia y ya no es una guía segura».[16] Yendo más allá de la tesis de Ehrenberg, diríamos que el sujeto del rendimiento no tolera los sentimientos negativos, que conducirían a un conflicto. La presión para rendir inhibe tales sentimientos. Dicho sujeto ya no es capaz de afrontar los conflictos, pues eso le llevaría demasiado tiempo. Es más fácil recurrir a los antidepresivos, que enseguida le devuelven a uno la capacidad de funcionar y rendir.

El hecho de que hoy la lucha no se libra entre grupos, ideologías o clases, sino entre individuos, no resulta tan decisivo para la crisis del sujeto del rendimiento como Ehrenberg supone.[17] El problema no es la competencia

---

16 *Ibid.,* p. 247.

17 Cf. *ibid.,* p. 265: «Las luchas entre los grupos son reemplazadas por la competencia individual. [...] Estamos asistiendo a un doble fenómeno: una universalización creciente, pero que sigue siendo abstracta (la globalización), y

entre individuos, sino que la competencia acaba siendo de uno contra sí mismo, de modo que se intensifica y se convierte en una *competencia absoluta*. El sujeto del rendimiento entra en competencia consigo mismo y cae bajo una presión destructiva para superarse constantemente. Esa presión sobre sí mismo, que se hace pasar por libertad, termina siendo mortal. *El burnout es el resultado de la competencia absoluta.*

En el tránsito de la sociedad disciplinaria a la sociedad del rendimiento, el «yo superpuesto» se positiviza como *«yo ideal»*. El «yo superpuesto» es represivo. Dicta prohibiciones. Domina al yo con el «gesto áspero y cruel del deber imperativo», con el «carácter de lo duramente restrictivo y cruelmente prohibitivo». A diferencia del represivo «yo superpuesto», el «yo ideal» es seductor. El sujeto del rendimiento *se proyecta* en el «yo ideal», mientras que el sujeto obediente *se somete* al «yo superpuesto». Sometimiento y proyección son dos modos diferentes de existir. Del «yo superpuesto» nos vienen presiones negativas. En cambio, el «yo ideal» ejerce una presión positiva sobre el yo. La negatividad del «yo superpuesto» restringe la

_____

una individualización también creciente, pero que resulta perceptible de manera concreta. Juntos podemos combatir muy bien contra un jefe o contra una clase enemiga, pero ¿cómo luchar contra la globalización?».

libertad del yo. Por el contrario, proyectarse en el «yo ideal» se interpreta como un acto de libertad. Pero, si el yo no logra liberarse de su fijación con un «yo ideal» inalcanzable, caerá en una profunda desazón a causa de ello. Entre el yo real y el yo ideal se abre un abismo, en el que se genera autoagresividad.

En la Modernidad tardía, el sujeto del rendimiento no está sometido a nadie. En realidad, ha dejado de ser sujeto, pues lo que caracteriza al sujeto es el sometimiento (sujeto, *sub-iectum,* significa literalmente «arrojado por debajo», de ahí que también nosotros digamos «sujeto a»). Ahora el sujeto se positiviza, e incluso se libera y hace de sí mismo un proyecto. Pero con esta transformación del sujeto en proyecto no desaparecen las presiones. La presión externa es sustituida por una presión sobre sí mismo que se hace pasar por libertad. Esta evolución guarda estrecha relación con el régimen de producción capitalista. A partir de un determinado nivel de producción, la autoexplotación es mucho más eficaz y da mucho más rendimiento que la explotación a cargo de otros, porque trae aparejada una sensación de libertad. La sociedad del rendimiento es una sociedad de la autoexplotación. El sujeto del rendimiento se explota a sí mismo hasta quemarse *(burnout)*. En ese proceso se genera autoagresividad, que no rara vez se intensifica y conduce al suicidio.

El proyecto resulta ser un *proyectil* que el sujeto del rendimiento se dispara a sí mismo.

Ante el «yo ideal», el yo real queda como un fracasado que se abruma a sí mismo con autorreproches. El yo guerrea contra sí mismo. En esta guerra no hay ganadores, pues la guerra termina con la muerte del vencedor. El sujeto del rendimiento se quebranta al vencer. La sociedad de la positividad, que creía haberse liberado de todas las presiones externas, se queda atrapada en presiones internas que la destruyen. Por eso, enfermedades psíquicas como el *burnout* o la depresión, que son características del siglo XXI, presentan rasgos autoagresivos. Uno se violenta a sí mismo y se autoexplota. La violencia que ejercen otros es sustituida por una violencia autogenerada, que resulta más fatal que aquella violencia externa, porque la víctima de esta violencia autoinfligida se figura que es libre.

Originalmente, el *homo sacer* era alguien a quien se excluía de la sociedad por culpa de un delito. Se lo podía matar impunemente. El soberano disponía del poder absoluto para derogar el orden jurídico imperante. El soberano encarna el poder legislativo, que se relaciona con el orden jurídico pero no está sometido a él. El soberano puede sentar jurisprudencia sin tener razón. El estado de excepción, al suprimir el orden jurídico imperante, abre un hueco legal en el que es posible ejercer un poder absoluto sobre los individuos. De este modo, es el soberano el que crea las condiciones para que surja, como una nueva forma de vida, la nuda vida del *homo sacer,* que consiste en una pura supervivencia. La vida del *homo sacer* es nuda, porque está fuera del orden jurídico. Por eso, se lo puede matar impunemente en cualquier momento.

Según Agamben, la vida humana solo se politiza cuando se subordina al poder de la soberanía, es decir, «solo sometiéndose a un poder incondicional sobre la muerte».[18] La pura supervivencia de la vida que se puede matar y el poder de la soberanía se generan mutuamente:

> Contrariamente a todo lo que los modernos solemos imaginarnos como espacio político definido en términos de derechos civiles, de libre voluntad y de contrato social, *solo la nuda vida es auténticamente política* desde el punto de vista de la soberanía.[19]

La «vida expuesta a la muerte» es el «elemento político original». El «fenómeno primordial de la política» es el anatema que genera «la nuda vida del *homo sacer*». La soberanía y la nuda vida del *homo sacer* marcan los dos extremos opuestos de

18   Giorgio Agamben, *Homo sacer. El poder soberano y la nuda vida,* Valencia, Pre-Textos, 1998, p. 118.
19   *Ibid.,* p. 114.

un orden. Ante el soberano, todas las personas son potencialmente *homines sacri*.

La teoría de Agamben del *homo sacer* mantiene el esquema de la negatividad. Víctima y verdugo, *homo sacer* y soberano, quedan netamente diferenciados uno de otro, también topológicamente. Según Agamben, la soberanía y la nuda vida del *homo sacer* «marcan los dos extremos opuestos de un orden». El estado de excepción del que habla Agamben es un régimen de negatividad. En cambio, los *homines sacri* de la sociedad del rendimiento viven en una situación normal generalizada, que es un régimen de positividad. Agamben no se percata de la mudanza topológica del poder, en la que se basa a su vez el paso de la sociedad de la soberanía a la sociedad del rendimiento.

El sujeto del rendimiento se ha liberado de las instancias externas de dominio que lo fuerzan a trabajar y lo explotan. Solo está sometido a sí mismo. Pero con la desaparición de instancias dominantes externas no se elimina la estructura coercitiva, sino que lo que sucede entonces es que libertad y coerción pasan a identificarse. El sujeto del rendimiento se somete libremente a la presión para maximizar el rendimiento. Así es como se explota a sí mismo. El explotador es al mismo tiempo el explotado, es a la vez verdugo y víctima, señor y vasallo. El sistema capitalista, para acelerarse, pasa de la explotación externa a la autoexplotación. El sujeto del rendimiento, que se hace pasar por soberano de sí mismo, por *homo liber*, resulta ser un *homo sacer*. El sujeto del rendimiento, soberano de sí mismo, es, al mismo tiempo, *homo sacer de sí mismo*. De este modo, el *homo liber* acaba siendo un *homo sacer*. Con esta lógica paradójica, también en la sociedad del rendimiento el soberano y el *homo sacer* se generan mutuamente.

Cuando Agamben comenta que quizá todos nosotros seamos virtualmente *homines sacri*, lo dice porque sobre todos nosotros pesaría una misma proscripción soberana y, por tanto, estaríamos expuestos a que nos puedan matar sin contravención legal. Sin embargo, este diagnóstico de Agamben no encaja con los rasgos característicos de la sociedad actual, que ya no es una sociedad de la soberanía. El anatema que hoy nos convierte a todos en *homines sacri* ya no es una proscripción que dicte el soberano, sino el *hechizo del rendimiento*. El sujeto del rendimiento, que se cree libre y se figura que es *homo liber* y soberano de sí mismo, está cautivado por el *hechizo del rendimiento* y se convierte a sí mismo en *homo sacer*.

También la teoría de Ehrenberg de la depresión pasa por alto la violencia sistémica inherente a la sociedad del rendimiento. En general, esa teoría está planteada desde una perspectiva psicológica, pero no económica ni política. Por eso, en las enfermedades psíquicas del sujeto del rendimiento Ehrenberg no percibe el régimen de dominio neoliberal, que convierte al hombre soberano y empresario de sí mismo en vasallo de sí mismo.

La economía capitalista absolutiza la supervivencia. Vive en la ficción de que más capital genera más vida, mayor capacidad de vivir. La rígida y rigurosa separación entre vida y muerte infunde una rigidez fantasmagórica a la propia vida. La preocupación por la vida buena cede a la histeria por la supervivencia.[20] La reducción de la vida a procesos biológicos y vitales desnuda la vida misma, despojándola de toda capacidad de ser narrada. Priva a la vida de viveza, que es mucho más compleja que la mera vitalidad y salud. El delirio por la salud surge cuando la vida ha quedado desnuda y vaciada de todo contenido narrativo. Ante la atomización de la sociedad y la erosión de lo social, lo único que queda es el *cuerpo del yo*, que hay que mantener sano a cualquier precio.

20 Aristóteles señala que la mera ganancia de capital es reprobable, porque solo se ordena a la buena vida, y no a la vida buena: «De ahí que algunos crean que esa es la función de la economía doméstica, y acaban por pensar que hay que conservar o aumentar indefinidamente la riqueza monetaria. La causa de esta disposición es el afán de vivir, pero no de vivir virtuosamente. En efecto, como ese deseo es ilimitado, también ellos desean ilimitadamente los medios para alcanzar eso» *(Política*, 1257b).

La pura supervivencia hace que desaparezca toda teleología, toda finalidad por la que uno deba estar sano. La salud se vuelve autorreferencial y se vacía, convirtiéndose en una *finalidad sin objetivo*.

En la sociedad del rendimiento, la vida del *homo sacer* es pura y sagrada por otro motivo totalmente distinto. Es pura porque, despojada de toda trascendencia, queda reducida a la inmanencia de la mera vida, que hay que tratar de prolongar por todos los medios. La salud se erige en nueva diosa.[21] En consecuencia, la pura supervivencia, la nuda vida, se vuelve sagrada. Los *homines sacri* de la sociedad del rendimiento también se diferencian de los de la sociedad de la soberanía por la peculiaridad de que no hay manera de matarlos. Su vida se parece a la de un muerto viviente. Son demasiado vitales para morir y están demasiado muertos para vivir.

21   El último hombre de Nietzsche erige la salud en nueva diosa tras la muerte de Dios: «Venérese la salud. "Hemos inventado la felicidad", dicen los últimos hombres pestañeando» *(Así habló Zaratustra, op. cit., p. 76).*

El tiempo sublime
La fiesta en tiempos sin festividad

Vivimos hoy en un tiempo sin fiesta, en una época sin festividad. ¿Qué es una fiesta? Ya una peculiaridad lingüística nos revela un primer rasgo suyo. Decimos: «Celebramos una fiesta». La celebración de una fiesta conlleva una temporalidad peculiar. La palabra *celebración* no connota un objetivo al que dirigirse. En una celebración, no hay que dirigirse primero a alguna parte para llegar ahí. En la fiesta se ha suprimido el tiempo como sucesión de momentos pasajeros y fugaces. Se celebra una fiesta igual que se recorre un espacio en el que *ya se está*. La celebración se opone al transcurso. Durante la celebración de la fiesta no *transcurre* nada. El tiempo festivo es como un trasunto de la eternidad.

En su ensayo *La actualidad de lo bello,* el filósofo Hans-Georg Gadamer concibe la peculiar afinidad entre arte y fiesta desde una temporalidad común a ambos: «Lo esencial de la experiencia temporal del arte es que nos enseña a demorarnos y a quedarnos. Quizá eso sea la versión a nuestra medida de lo que llamamos "eternidad"».[1] El tiempo festivo es un tiempo que no transcurre. Es, en un sentido especial, un *tiempo sublime*.

Sobre la esencia de la fiesta escribe Karl Kerényi:

Un esfuerzo puramente humano, el cumplimiento habitual de un deber no es una fiesta, y partiendo de lo prosaico no se podrá celebrar ni comprender una fiesta. Tiene que sumarse algo divino, por medio de lo cual se haga posible lo que de ordinario resultaría imposible. Uno es elevado a un nivel donde todo es «como en el primer día», resplandeciente, nuevo y como «recién creado»; donde uno está entre dioses, e incluso donde uno mismo se vuelve divino; donde sopla un hálito creador y se participa de la creación. Esta es la esencia de la fiesta.[2]

La fiesta es el acontecimiento, el lugar donde uno está entre dioses, e incluso donde uno mismo se vuelve divino. Los dioses se regocijan cuando los hombres juegan. Los hombres jue-

1 Hans-Georg Gadamer, *La actualidad de lo bello*, Barcelona, Paidós, 1991, pp. 111 s.

2 Karl Kerényi, *La religión antigua*, Barcelona, Herder, 2011, p. 46.

gan para los dioses. Cuando vivimos en unos tiempos sin festividad, en una época sin fiesta, perdemos toda relación con lo divino.

En el diálogo platónico *Nomoi, Las leyes,* se dice:

> Pero el hombre ha sido hecho para ser juguete de los dioses, y eso es realmente lo mejor de él. Así es como tienen que vivir la vida todos, tanto hombres como mujeres, siguiendo este principio y jugando a los juegos más hermosos. [...] Para poder hacer que los dioses se nos vuelvan benignos [...] hay que vivir jugando, [...] haciendo sacrificios, cantando y bailando.

Originalmente, los ritos sacrificiales eran ágapes compartidos por hombres y dioses. Las fiestas y los rituales nos abren las puertas de lo divino.

Mientras trabajamos y producimos no estamos con los dioses ni somos divinos. Los dioses no producen ni trabajan. Quizá deberíamos recuperar aquella divinidad, aquella festividad divina, en lugar de seguir siendo siervos del trabajo y del rendimiento. Deberíamos darnos cuenta de que hoy, al haber absolutizado el trabajo, el rendimiento y la producción, hemos perdido la festividad y el tiempo sublime. El tiempo laboral, que hoy se absolutiza, destruye aquel tiempo sublime como tiempo festivo.

La desaceleración no basta para generar un tiempo sublime. El tiempo sublime no se puede acelerar ni desacelerar. Lo que se da en llamar «aceleracionismo», hoy tan publicitado, no repara en que a la actual crisis temporal no hemos llegado ni por desaceleración ni por aceleración de los procesos. Necesitamos una nueva forma de vida, una nueva narrativa de la que surja un tiempo distinto, otro tiempo vital, una forma de vida que nos redima del desenfrenado estancamiento.

Tanto la fiesta como las celebraciones tienen un origen religioso. La palabra latina *feriae* significa «el tiempo reservado para actos religiosos y cultuales». *Fanum* significa «lugar sagrado, consagrado a una divinidad». La fiesta comienza cuando termina el pro-fano tiempo cotidiano *(profano* significa, literalmente, «que queda delante del recinto sagrado»). Presupone una consagración. Uno tiene que ser consagrado para entrar en el tiempo sublime de la fiesta. Si se suprime ese umbral, esa transición, esa consagración que separa lo sagrado de lo profano, entonces solo queda el tiempo cotidiano y pasajero, que luego se explota como tiempo laboral. Hoy ha desaparecido por completo el tiempo sublime en favor del tiempo laboral, que se absolutiza. Incluso la pausa se integra en el tiempo laboral. Sirve para descansar del trabajo y que podamos seguir funcionando.

El tiempo sublime es un tiempo pleno, a diferencia del tiempo laboral como tiempo vacío que hay que rellenar y que se mueve entre el aburrimiento y la laboriosidad. En la fiesta, por el contrario, se alcanza un momento de intensidad vital potenciada. Hoy día la vida va perdiendo intensidad. La vida sana como supervivencia es el nivel absolutamente nulo de la vida.

¿Es posible hoy la festividad? Desde luego, hoy hay fiestas. Pero no son festividades en sentido propio. Tanto *fiesta* como *festival* proceden de la palabra latina *festus*. *Festus* se refiere a los días destinados a los actos religiosos. En cambio, las fiestas o los festivales actuales son eventos o espectáculos. La temporalidad del evento se opone a la temporalidad de la fiesta. «Evento» viene de la palabra latina *eventus,* que significa «producirse de repente, acontecer». Su temporalidad es la eventualidad. La eventualidad es lo menos parecido a la necesidad del tiempo sublime. Es la temporalidad de la propia sociedad actual, que ha perdido toda obligatoriedad y toda fuerza vinculante.

En la actual sociedad laboral del rendimiento, que presenta los rasgos de una sociedad coercitiva, cada uno porta consigo un almacén y un campo de trabajo. La peculiaridad de este campo de trabajo consiste en que uno es al mismo tiempo recluso y vigilante, víctima y verdugo, vasallo y señor. Nos explotamos a nosotros mismos. El explotador es al mismo tiempo el explotado. Las víctimas ya no se distinguen de los verdugos. Nos matamos a base de optimizarnos para funcionar mejor. Una mejora del funcionamiento se interpreta fatídicamente como mejora del yo.

La autoexplotación es más eficaz que la explotación externa, pues conlleva una sensación de libertad. Se da la paradoja de que el primer síntoma del *burnout* es la euforia. Uno se lanza con euforia al trabajo. Al final, uno se derrumba.

En la época en que había relojes para fichar se podía separar claramente el trabajo del ocio. Hoy, la nave industrial se confunde con la sala de estar. La consecuencia es que se puede trabajar en todas partes y a cada momento. El ordenador portátil y el *smartphone* conforman un campo de trabajo portátil.

El objetivo de la revolución clásica era superar el régimen laboral de alienación. Alienación significa que el trabajador ya no se reconoce en el trabajo. Según Marx, su trabajo es una continua *auto-des-realización*. Hoy vivimos en una época posmarxista. En el régimen neoliberal, la explotación ya no se produce como alienación y autodesrealización, sino como libertad y autorrealización. Ya no hay un explotador externo que me obligue a trabajar y me explote, sino que yo mismo me exploto voluntariamente, creyendo, además, que me estoy realizando. Me mato a autorrealizarme. Me mato a optimizarme. En un contexto así es imposible toda resistencia, toda sublevación, toda revolución.

Vivimos una fase histórica peculiar, en la que la propia libertad genera coerciones. La libertad de la *capacidad* genera incluso más coerciones que el *deber* disciplinario, que dicta mandatos y prohibiciones. El *deber* tiene un límite. La *capacidad,* en cambio, no lo tiene: está abierta por arriba. Por eso, la coerción que genera la *capacidad* es ilimitada. Nos hallamos, por tanto, en una situación paradójica. En realidad, la libertad se opone a la coerción. Ser libre significa estar libre de coerciones. Pero ahora resulta que esta libertad, que debería oponerse a la coerción, genera por sí misma nuevas coerciones. Enfermedades psíquicas como la depresión o el *burnout* reflejan una profunda crisis de la libertad. Son síntomas patológicos de que hoy la libertad se plasma muchas veces como coerción. Es posible que la sociedad anterior fuera más represiva que la actual, pero hoy no somos esencialmente más libres. La represión da paso a la depresión.

Hoy la vida se ha convertido en supervivencia. La vida como supervivencia conduce a una histeria por la salud. Se da la paradoja de que de lo sano emana algo mórbido e inerte. Sin la negatividad de la muerte, la vida se anquilosa en algo muerto. La negatividad es la fuerza vivificante de la vida. Theodor W. Adorno escribe en *Minima moralia:*

> La proliferación de lo sano siempre es ya, en sí misma, una enfermedad. Su antídoto es la enfermedad consciente de sí misma, la restricción de la propia vida. Esta enfermedad curativa es la *belleza.* La belleza refrena la vida, y, por tanto, su caducidad. Pero, si en aras de la vida se niega la enfermedad, entonces la vida hipostasiada —en su ciego afán por liberarse de su otro factor— se torna justamente enfermedad, algo destructivo y maligno, procaz y presuntuoso. Quien odia lo destructivo tiene que odiar también la vida: lo muerto es la única imagen de lo viviente no falseado.[3]

La actual sociedad de la supervivencia, que absolutiza la salud, elimina justamente la belleza. Y la mera vida sana, que hoy asume la forma de una supervivencia histérica, se torna lo muerto, y hasta lo *muerto viviente.* Somos zombis de la salud y del *fitness,* zombis del rendimiento y del bótox. Hoy estamos dema-

---

3 Theodor W. Adorno, *Minima moralia. Reflexiones desde la vida dañada,* Madrid, Akal, 2004, p. 75.

siado muertos para vivir y somos demasiado vitales para morir.

El hombre no ha nacido para trabajar. Quien trabaja no es libre. Según Aristóteles, el hombre libre es el que no depende de las necesidades ni de los imperativos de la vida. Hay tres formas de vida libre. En primer lugar, la vida consagrada al disfrute de las cosas bellas. En segundo lugar, la vida que hace acciones bellas en la polis. Y, por último, la vida contemplativa, que al investigar las cosas imperecederas permanece en el ámbito de la belleza permanente. Por tanto, realmente libres son los poetas, los políticos y los filósofos.

Estas formas de vida libre se diferencian de aquellas otras formas de vida cuyo único objetivo es conservar la vida. Así, la vida del comerciante que busca el beneficio no es libre. Para Hannah Arendt, las tres formas de vida libre tienen en común que todas ellas se desarrollan en el ámbito de la belleza, es decir, entre cosas que no son forzosamente necesarias y que ni siquiera sirven para nada determinado. La salvación de lo bello es también la salvación de lo político. Hoy parece que la política solo vive de decretos-leyes. Ha dejado de ser libre, y, por tanto, en sentido estricto, hoy ya no hay política. Cuando, además, la política no permite ninguna alternativa, se asemeja a una dictadura: a la dictadura del capital. Los políticos, ahora degradados a esbirros del sistema y que en el mejor de los casos son economistas o contables muy cualificados, ya no son políticos en el sentido aristotélico del término.

Lo que constituye la vida del político *(bios politikos)* es la acción en sentido estricto, sin el sometimiento al veredicto de la necesidad y la utilidad. Las organizaciones sociales son necesarias para la convivencia humana. Precisamente por esa necesidad no se encuadran en lo político. Ni la necesidad ni la utilidad son categorías del *bios politikos*. El político debe actuar como hombre libre, debe efectuar actos bellos y generar formas bellas de vida, más allá de lo necesario y útil para vivir. Por ejemplo, debe modificar la sociedad para hacer posible que haya más justicia y felicidad. Actuar políticamente significa hacer que comience algo totalmente distinto o generar un nuevo orden social. El conocido argumento de que no hay alternativas no significa más que el final de la política. Hoy los políticos *trabajan* mucho, pero no *actúan*.

El neoliberalismo, que genera mucha injusticia, no es bello. La palabra inglesa *fair* significa tanto *justo* como *bello*. También la palabra del antiguo alto alemán *fagar* significa *bello*. La palabra alemana *Fegen, barrer,* significa originalmente *sacar brillo*. La doble acepción de *fair* es un elocuente indicio de que belleza y justicia eran originalmente la misma noción. La justicia se percibe como bella. Una peculiar sinestesia vincula la justicia con la belleza.

Como enseña el filósofo Giorgio Agamben, «profanación» significa destinar las cosas a un uso distinto y más libre, asignándoles una finalidad ajena y sacándolas de su red funcional original:

> Los niños, que juegan con cualquier trasto viejo que encuentran, transforman en juguete aun aquello que pertenece a la esfera de la economía, de la guerra, del derecho y de las otras actividades que estamos acostumbrados a considerar serias. Un automóvil, un arma de fuego, un contrato jurídico, se transforman de pronto en juguetes.[4]

En plena crisis financiera sucedió algo en Grecia que parece un signo del futuro. En una casa en ruinas unos niños encontraron un gran fajo de billetes. Le dieron otro uso. Jugaron con los billetes y los rompieron. Posiblemente, esos niños están anticipando nuestro futuro: el mundo está en ruinas. En estas ruinas nosotros jugamos con billetes y los rompemos, como hicieron aquellos niños. Esos niños griegos profanan el dinero, el

4 Giorgio Agamben, *Profanaciones,* Buenos Aires, Adriana Hidalgo, 2005, pp. 100 s.

capital, el nuevo ídolo, destinándolo a un uso totalmente distinto, que en este caso es el juego. La profanación transforma de golpe el dinero, erigido hoy en fetiche, en un juguete.

Esta situación es inusitada, sobre todo porque se produjo justamente en un país que hoy sufre terriblemente bajo el yugo del capital, bajo el terror del neoliberalismo. Se trata de un verdadero terrorismo del capital y del capitalismo financiero. Aquel inusitado suceso que se produjo en Grecia tiene un carácter eminentemente revelador. Se diría que es un signo del futuro. Hoy habría que profanar el trabajo, la producción, el capital, el tiempo laboral, y transformarlos en tiempo lúdico y festivo.

También el misterio de la belleza estriba en su festividad. Karl Kerényi escribe:

> Acicalarse para la fiesta y estar en ella cuan bellos puedan ser los mortales, para así asimilarse a los dioses: este era un rasgo fundamental de la festividad que parecía hecho a la medida del arte, una afinidad original entre lo festivo y lo bello que, sin embargo, en ningún otro pueblo resaltó tanto y dominó hasta tal punto el culto como entre los griegos.[5]

5   Karl Kerényi, *La religión antigua, op. cit.*, p. 50.

En lo que respecta a la belleza, la fiesta y el culto, los griegos brillan prodigiosamente: ningún otro pueblo europeo ha engendrado tanto esplendor y tanta belleza. Incluso la palabra *cosmética* viene del griego *cosmos*, que significa *orden bello y divino*.

Arte y fiesta conforman una simbiosis muy fecunda. Según Nietzsche, el arte original es el arte de las fiestas. Las obras de arte son testimonios materiales de aquellos momentos dichosos de una cultura en los que se ha superado el flujo habitual del tiempo: «Antiguamente, todas las obras de arte se exponían en la gran vía festiva de la humanidad, como signos conmemorativos y monumentos de horas sublimes y dichosas». Las obras de arte son, originalmente, monumentos del tiempo sublime. Son testimonios de las horas bienaventuradas y sublimes de una cultura. Originalmente, las obras de arte eran intrínsecas al culto y a los actos cultuales. Tenían un valor original de culto. Hoy lo han perdido. El valor de culto ha sido desbancado por el valor expositivo y por el valor de mercado. Las obras de arte no se exponen en la vía festiva, sino en los museos, y se guardan en las cámaras acorazadas de los bancos. Los museos y las cámaras acorazadas de los bancos son los calvarios del arte. Son lugares de un tiempo nulo, sitios donde el tiempo se niega.

Las obras de arte son originalmente manifestaciones de una vida intensa, sobreexcedente y rebosante. Hoy se ha perdido la intensidad de la vida, que ha sido desbancada por el consumo y la comunicación. Incluso el eros ha cedido a la pornografía. Hoy todo se nivela y se pule en su reducción a un nivel absolutamente nulo. Justamente esa pulidez permite que se acelere la circulación de la información, de la comunicación y del capital, incrementando la productividad y la eficacia.

Hoy las cosas solo adquieren valor si son vistas y expuestas, si acaparan la atención. Hoy nos exponemos en Facebook, convirtiéndonos así en mercancía. Originalmente, la palabra *producción* no significaba *fabricación* ni *elaboración*, sino *exhibir, hacer visible*. Este significado básico de la palabra *producción* se conserva en el francés. *Se produire* significa *presentarse, dejarse ver*. También en alemán se percibe esta connotación en el empleo peyorativo de *sich produzieren*, en el sentido de *darse tono*. Sí, hoy nos afanamos en exhibirnos en las redes sociales, en Facebook. Dándonos tono, producimos informaciones y aceleramos la comunicación. Nos hacemos visibles, nos exponemos como si fuéramos mercancía. Nos exhibimos para la producción, para una circulación de información y comunicación que hay que acelerar. La vida como producción total acarrea la desaparición de los rituales y las fiestas. En estas, más que producir, se dilapida.

Hoy todo se somete al capital. *Lifetime value* significa la suma de los valores que se pueden obtener de una persona tomada como cliente si se comercializan todos los momentos de su vida. La persona es reducida al *customer value* o valor de mercado. Este concepto se basa en la intención de transformar a la persona entera, toda su vida, en valores puramente comerciales. El hipercapitalismo actual disuelve por completo la existencia humana en una red de relaciones comerciales. Ya no queda ningún ámbito vital que no se someta al aprovechamiento comercial. El hipercapitalismo convierte todas las relaciones humanas en relaciones comerciales. Despoja al hombre de su dignidad, reemplazándola completamente por el valor de mercado.

En el mundo actual se ha perdido todo lo divino y festivo. El mundo se ha transformado en unos grandes almacenes. Lo que se suele llamar *sharing economy* o consumo colaborativo nos convierte a todos en vendedores en busca de clientes. Llenamos el mundo de cosas cuya duración y cuya validez son cada vez más efímeras. El mundo se asfixia entre tanta cosa. Estos grandes almacenes no se diferencian esencialmente de un manicomio. Parece que lo tengamos todo, pero nos falta lo esencial: el mundo. El mundo ha perdido la voz y el habla. Incluso ha perdido el sonido. El ruido de la comunicación ha sofocado el silencio. La proliferación y la masificación de las cosas han desbancado al vacío. Cielo y tierra están repletos de cosas. Este mundo de mercancías no es para *habitar*. Ha perdido toda referencia a lo divino, a lo sagrado, al misterio, a lo infinito, a lo superior, a lo sublime. También hemos perdido la capacidad de asombrarnos. Vivimos en unos grandes almacenes transparentes, donde nos vigilan y controlan como si fuéramos clientes transparentes. Tendríamos que escapar de estos grandes almacenes. Deberíamos volver a convertir los grandes almacenes en un hogar, incluso en un centro festivo donde realmente merezca la pena vivir.

La sociedad del cansancio se publicó por primera vez en 2010. El capítulo «El tiempo sublime» es el texto de la conferencia inaugural de la Trienal del Ruhr de 2015.